LOS LUGARES MISTERIOSOS

MISTERIOS DE LA HISTORIA

LOS LUGARES MISTERIOSOS

Pedro Palao Pons

Copyright © EDIMAT LIBROS, S. A.
C/ Primavera, 35
Polígono Industrial El Malvar
28500 Arganda del Rey
MADRID-ESPAÑA
www.edimat.es

ISBN: 978-84-9764-865-3
Depósito legal: CO-736-2007

Colección: Misterios de la historia
Título: Los lugares misteriosos
Autor: Pedro Palao Pons
Diseño de cubierta: Juan Manuel Domínguez
Impreso en: Taller de libros, S.A.

IMPRESO EN ESPAÑA – *PRINTED IN SPAIN*

INTRODUCCIÓN

Sería largo enumerar todos los emplazamientos en los que se han descubierto geoglifos, petroglifos o construcciones megalíticas. En cuanto a los dibujos (petroglifos, geoglifos y representaciones de túmulos únicamente), hay que saber que existen en la actualidad una docena de asentamientos conocidos y estudiados donde se encuentran extraños y grandiosos dibujos que nadie hasta hoy día ha podido explicar de una manera satisfactoria.

De Nazca, al sur del Perú, a la Tierra de Arnhem al norte de Australia, pasando por los Estados Unidos, Inglaterra o Israel, se los puede seguir como un formidable juego de pistas que nos habrían dejado nuestros grandes antepasados y que habrían subsistido durante siglos con el fin de entregarnos un mensaje que ya no podemos comprender.

No solamente están repartidos por toda la Tierra, sino que además tienen todos puntos en común sorprendentes. Por ejemplo, las formas de los animales y la de los hombres son bastante parecidas entre ellas. Este parecido se observa tanto en la elección de los temas como en la ejecución.

Muy singularmente aún, son todos de grandes dimensiones, como si los artesanos de esas formas hubiesen querido darles una desmesura con el fin de hacerlos aún más extraordinarios, más sobrehumanos. De hecho, es este último enigma el que resulta más chocante, el gigantismo de estas inscripciones. A las cavernas y las paredes rocosas del planeta no les faltan representaciones zoomorfas y antropomorfas.

Desde las grutas llamadas Chauvet o bien sobre el asentamiento de Lascaux, sobre el de Tassili o de los Adjers hasta las rocas sagradas de Australia, se descubren fácilmente los rasgos comunes de este arte prehistórico que desafía al tiempo y mantiene su misterio.

No obstante, en la mayor parte de estos asentamientos, las representaciones son, en la mayoría de los casos, de una talla normal o más pequeñas que en la realidad, raramente engrandecidas como en Nazca o en emplazamientos parecidos.

Cuando estamos delante de esas figuras o en esos lugares misteriosos, se puede sentir que uno o varios eslabones de la historia de la humanidad se han perdido, sobre todo cuando se considera que nuestra historia actual, la de nuestra civilización, comienza oficialmente en Sumeria, es decir, hace apenas 7.000 años.

Uno se siente como si le faltara algo, y ese algo es posiblemente la verdad de nuestros orígenes.

Muchas preguntas se agolpan en nuestra mente ante construcciones supuestamente humanas de las cuales aún hoy en día casi no sabemos nada, esos lugares misteriosos que siguen sin responder a nuestras cuestiones: ¿quién, por qué, cómo lo hicieron?

En la mayor parte de los casos, como en las pistas de Nazca, en Inglaterra o en el Atacama chileno, los constructores tenían que escalar sobre las alturas vecinas para ver el resultado o bien elevarse por los aires... en una época donde parece ser no existían máquinas voladoras.

Desde el tiempo que estas inscripciones, monumentos, estatuas, etc. intrigan y apasionan a los investigadores, se han dado numerosas hipótesis, algunas de las cuales parecen acertar desde la lógica y otras apuestan por soluciones más fantásticas.

En cuanto a Nazca, algunos como Erich von Daniken o Robert Charroux vieron pistas de aterrizaje de origen extraterrestre. Daniel Ruzo vio los vestigios de una cultura que denominó «masma». En los años setenta del siglo pasado, el suizo Henri Stierlin quiso ver formidables bastidores para tejer... sudarios gigantes. Otros después hablaron de globos y de cometas llevándose a los maestros de las obras. Maria Reiche, que pasó una gran parte de su existencia en el asentamiento, se contentaba con preservar, reconstruir y mantener este lugar, y de una manera sorprendente no dio opiniones sobre estos símbolos que ella conocía mejor que nadie.

Más al sur, en el desierto del Atacama, Luis Briones se limita a descubrir y no dice nada sobre las suposiciones que elabora. Habla con mucha prudencia de «civilizaciones andinas». Actualmente, algunos hablan de dibujos invocatorios a una divinidad de la lluvia nombrada Kon, un buitre con cara humana que se lamenta y llora regando con sus lágrimas la tierra. Se trataría de rituales para hacer llegar la lluvia... Entonces ¿para qué servirían la «Gran Serpiente» de Ohio (EE.UU.) o el «Caballo» de Sussex (Inglaterra) donde la lluvia no falta?

En Australia, las investigaciones se han ralentizado y no se ha emitido ninguna teoría sino la que dice que los aborígenes de hace 50.000 años, apoderados de una fiebre creadora, ejecutaron fantásticos dibujos para oscuros motivos.

En América del Norte, Boma Jonson llama a estos dibujos «intaglios», e imagina que las tribus locales de hace 10.000 años formaban así gigantescos túmulos rituales, que les preparaban para el «gran viaje» hacia lo desconocido y la eternidad.

Es cierto que las creencias y las religiones son suficientemente irracionales para dar como válido todo aquello que es inexplicable en el pasado de los humanos. ¿No están los museos del mundo llenos de objetos de culto?

Cuando se conoce la prudencia que hay en los investigadores serios y rigurosos, sea en la investigación científica o para aquellos que buscan las huellas de la evolución de la humanidad, es totalmente comprensible que Mejia Chepes y aquellos que lo siguieron, como Maria Reiche hasta Stierlin o Boma Jonson, ninguna haya osado jamás «ver más lejos».

Que sea en el desierto del Neguev, en Australia, en Arizona, en Ohio o sobre la costa oeste de los Estados Unidos, en Inglaterra o sobre las altas planicies del Perú y en el desierto chileno del Atacama, una cosa es cierta: hombres desprovistos de herramientas, a merced de la misma fiebre, de la misma fuerza, poseídos por la misma memoria infusa, de que disponían, con los pobres medios técnicos han dirigido al cielo mensajes gigantescos. Y, repito, ¿para quién y por qué?

Últimamente y por primera vez, los arqueólogos se arriesgan por fin a hablar y en decir con mucha prudencia que quizás podría hablarse de una especie de cultura planetaria... Vayamos un poco más lejos en el tema e intentemos añadirle la dimensión del tiempo. Hagamos la pregunta: ¿cuál era la situación de la humanidad antes de estos 50 siglos? ¿Habrían existido sociedades evolucionadas, capaces tecnológicamente de emprender trabajos gigantescos, sociedades que entraron en decadencia y terminaron por desaparecer, habiendo dejado el recuerdo de viajes aéreos o incluso espaciales?

Cuando vemos, en Nueva Guinea, las tribus que practican, después de algunos meses de observación, el «culto del avión de carga» simplemente porque vieron, durante la última guerra mundial, aviones norteamericanos (aviones de carga) aterrizar sobre pistas preparadas en la jungla, empezamos a entender. Son los mismos que «hablan a los dioses» en sus cajas hechas de hojas y ramas, porque han observado, en la misma época, a los operadores de radio. ¿Es una locura o es aberrante imaginar que esos símbolos gigantes, esos monumentos titánicos, esos megalitos erguidos por pueblos que no poseían otra fuerza que sus espíritus gregarios y la de sus brazos, no reprodujeran, de hecho, lo que los «gigantes de antes del tiempo presente» habrían realizado?

La mayoría de las preguntas siguen en pie hoy en día, pues es cierto que el hombre no podrá jamás descifrar ciertos enigmas. Sobre todo las huellas del tiempo han borrado las pistas necesarias para conseguirlo. Sabemos más que nunca de nuestro pasado, pero, paradójicamente, seguimos en tinieblas también más que nunca. Hemos descubierto, en la mayoría de los casos, dónde, cómo y quién construyó, edificó o creó las maravillas del mundo antiguo, pero muchos porqués siguen en el aire.

En esta obra analizaremos los lugares más enigmáticos de la Tierra, y lo haremos de manera ordenada, continente por continente, analizando en cada caso dónde (ubicación geográfica), cuándo (la fecha del enigma), qué (la historia) y por qué (las diversas teorías) ocurrió en esos sitios. Y lo haremos desde un punto de vista científico, sin dejarnos llevar por teorías peregrinas que no hacen más que confundir al no iniciado con historias demasiado imaginativas y poco rigurosas que nada aportan a nuestra vida; quizá sólo más confusión. Una cosa es hablar de leyendas, de bellos relatos de la antigüedad que nos acercan al carácter de un pueblo y nos aclaran dudas a través de los ojos de nuestros antepasados, y otra bien diferente es inventarse platillos volantes en cuanto nuestra cabeza no da para más y tenemos que acudir al recurso fácil para desentrañar un enigma que, como decíamos, quizá jamás podremos desvelar.

Hay enigmas que ni quieren ni necesitan ser desvelados. Ahí reside su magia en muchos aspectos, en la incertidumbre del «¿qué pasó?», una pregunta que ha impulsado al hombre a ser el rey de la creación, el ser más importante de ésta.

El recorrido es sin duda espectacular. Esta obra pretende transportar al lector de Stonehenge al Mar Muerto, de la Ciudad Prohibida a las pistas de Nazca, y sin dejar que recobre el aliento, cuya falta es producida por la fascinación, lo llevaremos de nuevo de la gran pirámide a la isla de Pascua, o del Taj Mahal a Santiago de Compostela…

Nuestra intención es que el paseo virtual suponga una montaña rusa por los milenios pasados, al mismo tiempo que intentamos arrojar un poco de luz a los misterios que siguen guardando hoy en día.

Este atlas fracasará si no conseguimos ni una cosa ni la otra, pero esperamos que todo nuestro esfuerzo, que se nutre directamente de nuestra fascinación, sea suficiente para que, una vez comenzado el viaje, el lector quiera que éste no termine jamás, como nos ha pasado a nosotros.

Capítulo primero
EL CONTINENTE EUROPEO

El viejo continente ha sido cuna de culturas, de leyendas y, por ende, de lugares mágicos. Antes de abordar los misterios de Europa, sería conveniente conocer sus límites y fronteras. Este continente se encuentra en el hemisferio norte, delimitado al este por Asia, al sur por el mar Mediterráneo, al oeste por el océano Atlántico y el mar de Noruega, y al norte por el océano Ártico.

Europa y Asia forman el sistema continental llamado Eurasia. Por convención, los geógrafos delimitaron la frontera entre Asia y Europa en los montes Urales. El río Ural en su trayecto hasta el mar Caspio separa ambos continentes. Turquía queda dividida entre Europa y Asia a través del estrecho de Bósforo.

Esta delimitación por barreras naturales es, sin embargo, arbitraria. Islas o archipiélagos del Atlántico están unidas a Europa: Islandia, las Azores, las Canarias y el Svalbard en el Ártico, por citar algunos ejemplos.

Desde hace siglos, el origen del término Europa ha intrigado a los historiadores. La mitología griega nos dice que Europa era una de las Oceánidas, las hijas de un legendario rey de Fenicia. Zeus se enamoró de ella y decidió raptarla. La leyenda cuenta que sus hermanos salieron en su busca y fundaron varias ciudades por el camino.

Se tiene constancia de que los griegos en siglo v a.C. ya utilizaban la palabra Europa para definir el territorio, aunque sus fronteras en aquel entonces no estaban claras.

Con una superficie de 10.525.000 km², es el continente más pequeño, pero a la vez uno de los más ricos en tesoros naturales y enigmáticos, con una elevada cantidad de lugares reseñables desde el punto de vista histórico y a la vez llenos de misterio.

La masa continental está dibujada por grandes penínsulas (Escandinavia, península ibérica, Italia, península de los Balcanes) y otras más pequeñas, como Jutland y la Bretaña. Europa comprende dos conjuntos insulares de importancia: uno en el Atlántico, Islandia y las islas Británicas, y el otro en el Mediterráneo, con Córcega, Cerdeña, Sicilia y Creta. A continuación, realizaremos un recorrido por algunos enclaves misteriosos del continente europeo destacando su origen e intentando desvelar el misterio que ocultan.

ESPAÑA

España tiene más de 40 millones de habitantes y más de 500.000 km² de superficie. Junto con Portugal forma la península ibérica. La situación que ostentan en el Atlas resulta privilegiada, ya que es la región más al sur de Europa. La frontera natural con África se extiende por el mar, y ambos continentes casi se tocan en el estrecho de Gibraltar. Durante muchos siglos se ha considerado que la península ibérica era un enclave estratégico. Por una parte, era el puente natural con África. Por otra, el Atlántico permitía trazar rutas de navegación. Y por último, el Mediterráneo posibilitaba relaciones con sus vecinos. Ahora, con el auge de la aviación, la estrategia tanto comercial como bélica discurre por otros derroteros que poco tienen que ver con la posición que ocupa en el mapa cada país. Pero ese patrimonio cultural conseguido a base de siglos de ser un punto de encuentro sigue intacto en algunas zonas.

En España se encuentran diferentes tradiciones. Los fenicios dejaron su huella, antes de que los romanos llegaran a la península. En el norte, varias teorías demuestran intercambios con la cultura celta. Los árabes compartieron sus avanzados conocimientos. Por otra parte, los viajes a América también enriquecieron el patrimonio cultural.

España tiene una larga tradición de secretos misteriosos que con el tiempo han ido olvidándose. A reglón seguido, pasearemos por las tierras más enigmáticas de la llamada piel de toro.

SANTIAGO DE COMPOSTELA, EL CAMINO DEL PEREGRINO

Ubicación geográfica

Situada en el centro Galicia, esta ciudad está equidistante de todos los lugares de interés, por lo que suele ser una buena elección a la hora de iniciar una ruta turística por las tierras de meigas. En 1993, Santiago de Compostela fue declarada patrimonio de la humanidad. Y no faltaron razones para tomar esta decisión. La ciudad ha conservado intacto el adoquinado y el encanto de otros tiempos. En la actualidad es una ciudad universitaria en la que se dan cita jóvenes de todo el mundo. Sin olvidar, por supuesto, que es el punto final del famoso camino de Santiago.

La fecha del enigma

Difícil resulta datar el momento en que esta zona empieza a desvelar sus misterios y a llamar la atención de los estudiosos. Como se verá más adelante, Santiago de Compostela tenía una historia casi milenaria. Sin embargo, cualquier estudioso del tema convendría que en el siglo IX alcanzó una notoriedad que se ha mantenido hasta el día de hoy.

La historia de Santiago de Compostela

Fue en el siglo IX cuando el ermitaño Pelagio vio unos extraños resplandores y unas trompetas angelicales que le indicaban que acudiera a un lugar. El descubrimiento llamó la atención del obispo de Iria Flavia y del rey Alfonso II, que se dirigieron a la zona donde estaban ocurriendo aquellos extraños acontecimientos. El monarca y el obispo hallaron el sepulcro de Santiago y de dos apóstoles suyos. Para certificar el hallazgo, pusieron una lápida que data del 847. A partir de ese momento, el punto se convirtió en la meca del cristianismo europeo.

Santiago era el hijo de Zebedeo y de María Salomé, a la vez que era hermano de San Juan Bautista. Su fe en Jesucristo le costó la cabeza, ya que fue decapitado por orden de Herodes Agripa, durante el imperio de Tiberio. De hecho, fue uno de los primeros mártires del cristianismo. Según explica la tradición, su cuerpo fue depositado en una barca a la deriva y las corrientes lo llevaron hasta una ría de Finisterre. Allí lo encontraron unos campesinos que quisieron darle sepultura. Lo cargaron en un carro de bueyes y, de repente, los animales se pararon sin ninguna razón aparente. Los primitivos agricultores consideraron que aquello era un designio de Dios y que aquél era el lugar elegido por el Altísimo para que descansaran los restos mortales de su fiel seguidor.

El rey ordenó la construcción de un primigenio santuario que se erigió justamente encima de un altar romano dedicado a Júpiter. Santiago fue declarado patrón de España, y a partir de ese momento los diferentes reyes ampliaron el templo hasta otorgarle la majestuosa forma que tiene hoy en día.

El descubrimiento de aquella reliquia llegaba en un momento clave desde el punto de vista histórico. Los árabes estaban conquistando la península, como puerta de entrada para acceder al resto de Europa. La leyenda de Santiago era un ideal unificador que servía para cohesionar el cristianismo y arengar a los fieles en la batalla contra los árabes.

En el año 844, en la batalla del Clavijo, muchos cristianos vieron al santo montado en un caballo blanco, cargando contra los sarracenos. Aquella acción le valió el nombre popular de «matamoros».

En el 950, llegó a Compostela el primer peregrino, el obispo francés Godescalc acompañado de numerosos seguidores. El ministro de Dios había iniciado su trayecto en Le Puy (Auvernia, Francia) y con su iniciativa marcó una de las rutas que durante siglos desgastarían las botas de los caminantes.

La peregrinación de Santiago fue auspiciada por la poderosa abadía gala de Cluny, que construyó hospitales y sedes en todo el camino. En Francia se hicieron célebres cuatro rutas que salían de Tour, Vézelay, Le Puy y Arles.

A principios del siglo XIX, se excavó la tumba situada tras el altar mayor. Se encontraron los restos de tres hombres. ¿Pertenecía alguno de esos restos al célebre apóstol? Todas las pruebas indicaron que así era. Se compararon los restos con los de un trozo del cráneo de Santiago, que se encontraba en la catedral de Pistoia, en Italia. El papa León XIII se pronunció sobre la cuestión, asegurando que los restos que reposaban en Galicia eran los del santo. La decisión del Papa no dejó contentos a los detractores de esta teoría y todavía hoy en día muchos aseguran que las reliquias pertenecen a un obispo español que fue martirizado por la misma época.

La teoría: el camino de la Vía Láctea

Sin duda el camino de Santiago sigue siendo uno de los lugares preferidos por los peregrinos de todo el mundo. Sin embargo, pese a la historia oficial, ya lo era mucho antes de que se encontrara el cuerpo del santo.

En este sentido, hay un montón de teorías que se han ido esbozando a través de los tiempos. Los principales valedores de estas hipótesis han sido Mario Roso de la Luna, filósofo y científico que en su juventud perteneció a la Real Orden de Carlos III y de Isabel la Católica, y el contemporáneo Louis Charpentier. Según se desprende de sus estudios, la peregrinación cristiana no fue original, sino que siguió una ruta trazada hacía siglos.

Las primeras pruebas son dólmenes que indicaban el camino y que casi con toda certeza fueron frecuentados por sacerdotes druidas. Después, durante el Imperio romano, el lugar donde se eleva la catedral hoy en día, sirvió para albergar un templo dedicado a Júpiter.

A partir de este momento, no hay documentos fiables que permitan seguir el curso de los acontecimientos. Las hordas bárbaras destruyeron las pruebas y la región quedó considerablemente despoblada. No eran buenos tiempos para la peregrinación.

Recobramos el hilo de la historia hacia el siglo VIII, con algunos testimonio difusos que hablan de pequeñas peregrinaciones hacia aquel lugar santo.

No es descabellado, por tanto, suponer que la religión católica aprovechara aquel hecho y lo asimilara. Tal vez la magia del lugar guió a la barca de Santiago o quizás se creó el mito a través de otros cultos preexistentes.

Pero ¿qué tenía ese lugar para convertirse en el punto final del camino de miles de peregrinos a través de los tiempos? La explicación la encontramos mirando al cielo: el Camino de Santiago, encuadrado de Este a Oeste entre los paralelos 43 y 42,30°, reproduce la Vía Láctea, una galaxia que pertenece a nuestro sistema solar.

La iconografía cristiana también nos brinda interesantes pistas. El Camino de Santiago está plagado de imágenes de la Virgen con un niño y en algunas ocasiones se vislumbran los pechos de la madre de Dios. Según la tradición helénica la Vía Láctea debe su nombre a que brotó de los senos de la diosa Hera. Hércules, siendo aún un bebé, los apretó tanto, que esparció la leche materna por el cielo, originando la galaxia.

Sigamos repasando la iconografía cristiana. La ruta presenta muchas imágenes de peregrinos. La representación es muy parecida en todas partes: un hombre con un bastón, un perro, una calabaza para transportar el agua y una concha. Este último accesorio ha dado pábulo a todo tipo de teorías.

La concha, dentro del cristianismo, representaba uno de los adornos que llevaba el barco que transportó al apóstol. Así, se consiguió que la embarcación fuera a la deriva y no se pegara a otros barcos. Sin embargo, la concha tiene una larga historia en el culto de Afrodita Urania. Este elemento se utilizaba como instrumento y tocándola de forma acompasada se conseguía una melodía que semejaba a un mantra.

El dios céltico Lug también portaba una concha para emitir música. Los caballeros templarios asimismo la utilizaron en sus escudos como símbolo sagrado.

Pero las coincidencias no quedan ahí. Fijémonos en el nombre: Santiago de Compostela. Los filólogos consideran que se trata de una derivación de Sant Iago del Campo Estelar. Todo parece indicar, pues, que ese campo estelar no es sino la Vía Láctea.

LAS CUEVAS DE ZUGARRAMURDI, LA CASA DE LAS BRUJAS

Ubicación geográfica

Las cuevas de Zugarramurdi se encuentran al norte de Navarra, justo en la frontera con Francia. Están ubicadas a las

afueras del pueblo del mismo nombre y siguen siendo lugar de encuentro tanto para amantes del esoterismo como para espeleólogos. Constituyen un increíble complejo natural, cuya cavidad principal ha sido producida por una corriente de agua, concretamente del arroyo «Infernuko Erreka» que lo atraviesa creando un amplio túnel de una longitud de 120 m. Su altura oscila entre los 10 y 12 m. En su interior se distinguen dos galerías más altas.

Tiene una planta baja con más de cien metros, que se amplía con una gran galería y algunas ramificaciones alrededor. En la parte de arriba, subiendo unas escaleras, y sin salir, se llega a la entrada del «macho cabrío» o de Sorgin leze. En la parte de arriba se abren dos galerías.

La fecha del enigma

En 1610 estas cuevas fueron tristemente famosas ya que se condenó a varias mujeres del pueblo por llevar a cabo aquelarres en su interior. La fecha, de todas formas, fluctúa. En algunos libros aparece como 1608, mientras que otros aseguran que estos hechos ocurrieron en 1612. De todos modos, una oscilación de cuatro años no resulta especialmente grave, y la mayoría de los estudios se han decantado por el 1610, tal vez como decisión salomónica para acabar con el baile de fechas.

La historia de las brujas

Una muchacha de 20 años llamada María de Ximildegui regresó a Zugarramurdi tras cuatro años de ausencia. Durante este tiempo había estado en Francia y se había convertido al cristianismo. Por esa razón, denunció a diferentes mujeres de la localidad, que según explicó, le habían obligado a practicar la magia negra y la brujería cuando era pequeña. Aquella muchacha, resentida por los años vividos adorando al diablo, facilitó todo lujo de detalles y admitió haber participado en dos aquelarres celebrados en las famosas cuevas.

El vecino Estebe de Navarcorena fue el primero en exigir a María de Ximildegui que demostrase las acusaciones esgrimidas contra su esposa. María proporcionó una información detallada que llevó a la mujer de Estebe, María Juruteguia, a confesar y a admitir que todo lo que había explicado María era cierto. Reconoció haber sido bruja desde pequeña e incluso acusó a su tía María Txipía de haber sido su maestra. A partir de ese momento Zugarramurdi se relaciona con todo tipo de actividades relacionadas con la brujería.

La Santa Inquisición tomó cartas en el asunto. Según sus conclusiones, las presuntas brujas habían conseguido con sus hechizos que muchos de los habitantes del pueblo padecieran terribles enfermedades. Asimismo, también se culpó a las brujas de realizar rituales para que las cosechas fueran malas y para que el tiempo resultara adverso.

El caso de las brujas de Zugarramurdi adquirió notoriedad por el sumario que emprendió la Inquisición contra ellas en Logroño en el año 1610. El inquisidor Alvarado, juez eclesiástico, pasó algunos meses en el pueblo, naturalmente con ayuda de intérprete —ya que hablaban en euskera— y encontró que había 300 personas implicadas en delitos de brujería. Finalmente, decidió llevar a 40 de las sospechosas a Logroño. Tras el juicio, algunas quedaron absueltas tras confesar su culpa. Doce de las acusadas fueron condenadas y quemadas en la hoguera. Según explican algunos escritos, algunas ya habían muerto como consecuencia de las torturas a las que fueron sometidas para que confesaran su culpabilidad. Las más famosas fueron: María de Zozaia, Graciana Barrenetxe, Miguel Goiburu, Martin Bizkar, Joanes Etxalar, María Txipia, María Etxaleku, María Iriart y María Iuretegia.

La teoría: represión y ritos ancestrales

El caso de Zugarramurdi se ha de analizar en un contexto mucho más amplio: la implacable persecución que recibieron las brujas en toda Europa durante aquellos años. La mayoría de los estudiosos coincide en que es muy probable que las brujas profesaran una religión ancestral, un culto a la diosa Tierra que tenía siglos de historia. El cristianismo no había podido barrer algunas de las reminiscencias que todavía estaban vivas en aquella región. A la sazón, se ha de tener en cuenta que la romanización apenas afectó a la zona, por lo que no se abrazó ni tan siquiera la mitología grecorromana. En esa área, persistían cultos prerromanos, seguramente con algunos componentes celtas e, incluso, más antiguos.

Por otra parte, el interés de la Santa Inquisición por acabar con la brujería sirvió para que muchos hombres y mujeres aprovecharan la ocasión para vengarse de las rencillas que mantenían con sus vecinos. Así, los acusaban de brujería y conseguían, en el sentido más literal, quitarlos de en medio. Las confesiones de las supuestas brujas eran arrancadas mediante terribles torturas, con lo cual tampoco son de fiar.

Sin duda el juicio de Zugarramurdi fue el más célebre, pero no fue el único. Por toda Euskal Herria tuvieron lugar acusaciones y condenas por brujería. Este hecho podría deberse, también, a la coyuntura política. Castilla acababa de conquistar Navarra y no sería de extrañar que para unificar la región quisiera acabar de raíz con los ritos antiguos. También se ha apuntado que la caza de brujas podría ser una especie de purga política, para librarse de los disidentes.

En la actualidad Zugarramurdi sigue siendo un lugar mágico. La caprichosa forma natural de las cuevas sigue llamando la atención de muchos visitantes.

El 21 de junio se celebra una fiesta popular dentro del marco incomparable de las cuevas. Como recordatorio de todos los hechos acontecidos en esta época, el 18 de agosto se celebra una fiesta gastronómica en la que se degusta cordero asado en el interior de las cuevas.

MEGALITOS EN MENORCA, LOS SECRETOS DE LA CULTURA TALAYÓTICA

Ubicación geográfica

Menorca es una isla relativamente pequeña, de escasamente unos 700 km², pero enormemente rica en paisajes y con una historia milenaria. Es la segunda isla en extensión del archipiélago Balear. Bañada por el Mediterráneo, ha visto pasar a casi todas las grandes civilizaciones de Occidente y ha seguido conservando los misterios de una época remota. El principal atractivo desde la perspectiva esotérica que ofrece la isla son los megalitos que se extienden por toda su geografía. Todavía hoy en día se desconoce cómo pudieron construirse estas edificaciones y cuáles eran las técnicas que les permitieron a nuestros antepasados moldear con tanta pericia la piedra.

En Menorca quedan las huellas de 4.000 años de asentamientos humanos. Por ello, el visitante de la isla no sólo hallará cálidas playas sureñas junto a inhóspitos y pedregosos acantilados septentrionales, sino que se podrá sumergir en el enigma de las piedras que guardan los secretos de la cultura talayótica.

La fecha del enigma

Las construcciones megalíticas pertenecen a la civilización talayótica y los historiadores la sitúan entre los años 1400 y 100 a.C., es decir, desde la Edad del Bronce hasta el período helénico. Antes de esto, existe una época más desconocida si cabe que recibe el nombre de pretalayótica, que arranca en el 2000 a.C., en el Neolítico.

La historia de los megalitos

El período pretalayótico, el más antiguo de la cronología menorquina (2000-1400 a.C.) se caracterizó por sepulcros

megalíticos, navetas de habitación e hipogeos de planta alargada. En el ciclo talayótico (1400-450 a.C.) se edificaron las construcciones que precisamente dieron el nombre a esta cultura, el *talayot*. Asimismo, también florecieron las navetas de enterramiento, las salas hipóstilas y las murallas defensivas.

A continuación, se describirán las edificaciones más típicas para entender con claridad el tema que tratamos.

Los sepulcros megalíticos son monumentos de carácter funerario que se hallan exclusivamente en la parte oriental de la isla. Están formados por un corredor no muy largo que acaba en una losa perforada que da entrada a la cámara mortuoria. La cámara puede ser de forma rectangular u ovalada, normalmente construida con grandes losas. Un muro de contención rodea a esta edificación y está formado de pequeñas piedras.

Los hipogeos de planta alargada constituyen un tipo de enterramiento de la época pretalayótica localizado, en cambio, en la parte occidental de la isla. Presentan un corredor alargado desde la entrada hasta la cámara, que a veces adopta la forma de una rampa y que en otras ocasiones emplea escalones. La planta de esta cámara suele ser alargada, de ahí su nombre, aunque en algunos casos es ligeramente ovalada. En el interior se encuentran nichos.

Las navetas asemejan a una nave volcada quilla arriba —de ahí su nombre, *naveta,* procedente del catalán *nau,* nave—. En la época pretalayótica las navetas se destinaron a cobijar a los habitantes del pueblo, mientras que en el período siguiente se utilizaron como tumbas.

En este punto, resulta necesario hacer un paréntesis y hablar de la naveta des Tudons, una de las construcciones más antiguas de Europa (se le atribuyen 3.000-4.000 años de antigüedad).

El interior presenta una cámara ovalada y alargada que se comunica con el exterior por medio de una pequeña puerta rectangular (para llevar a cabo la visita, es necesario entrar de rodillas) y un vestíbulo, del que por otra puerta estrecha se pasa a la verdadera cámara sepulcral. El vestíbulo está abierto en sentido vertical, ya que da acceso a una segunda cámara superior que, posiblemente, como se ha comprobado en otras navetas de enterramiento de la isla, servía de osario. El monumento tal y como se puede ver en la actualidad fue excavado y restaurado en 1965.

Ningún arqueólogo duda de que tenía una finalidad funeraria. De hecho, se comprobó que allí habían sido enterradas más de 50 personas, cubiertas con una capa de cal. En la parte superior frontal de la naveta falta una piedra. Este hecho originó una bonita leyenda de gigantes. Llegados a este punto, nos sumergiremos en la tradición popular para conocer la bella y trágica historia que rodea esta construcción.

Cuenta la leyenda que en tiempos remotos Menorca estaba habitada por cuatro gigantes. En el levante de la isla vivían un anciano patriarca y su hija. En el poniente, dos hermanos. Ambos estaban enamorados de la bella joven, por lo que decidieron pedir su mano. El padre de la muchacha no sabía a quién concedérsela, por lo que les puso una prueba. El que la superara conseguiría el amor de la joven. Ambos deberían construir con sus manos una obra monumental y el primero que acabara, sería el ganador. El más idealista de los hermanos quiso que su presente fuera especial: construiría un barco de piedra que serviría de lecho nupcial. El otro hermano, de carácter más práctico, decidió excavar un pozo para que a él y a su futura esposa nunca les faltase agua.

Ambos empezaron la construcción al mismo tiempo. Poco a poco se empezó a vislumbrar el posible ganador, mientras el barco avanzaba, el pozo se hundía sin hallar agua. Al final, al naviero únicamente le faltaba una piedra para completar su obra. Seguro de su victoria, se dirigió con la piedra que faltaba para culminar su obra al lugar donde estaba su hermano para presumir de su victoria. En ese momento vio que éste había encontrado agua y que su obra estaba acabada. En un ataque de ira, aplastó a su hermano con la piedra.

Tras este acto, los remordimientos lo carcomieron y se lanzó al mar por un acantilado. La muchacha murió de pena al ver el fatídico final de sus dos pretendientes. Y así se explica el final de la raza de gigantes en Menorca.

Las ancianas del lugar, aún aseguran que la piedra de la naveta se encuentra en el fondo de El Pou d'els Enamorats, situado al otro lado de la actual carretera.

Tras este paréntesis, seguiremos estudiando las principales edificaciones que pueden encontrarse en la isla.

Las salas hipóstilas tienen forma irregular y están realizadas mediante una serie de columnas mediterráneas (con la parte de abajo más estrecha que la de arriba, lo que resulta útil en los lugares en los que las paredes se curvan hacia el interior). La altura de éstas suele ser de unos 2 metros y en muchas ocasiones son monolíticas, rematadas por un capitel. Sobre el capitel reposan otras vigas que conducen a una falsa cúpula. Se accede mediante una rampa o escalones.

Y, por último, llegamos a la construcción estrella: el *talayot*. Se trata de una torre de mampostería (con planta circular o cuadrada), que posee una cámara central, un corredor de acceso y una columna para sostener la cubierta.

Su tamaño varía y se hallan aislados o agrupados en forma de poblados. La utilidad que se les daba varía dependiendo del lugar. Solos en un promontorio, debían ser puntos de observación. Agrupados en el centro de un poblado quizás fueran castillos o bien viviendas de la clase privilegiada. Algunas teorías también apuntan que podrían ser edificios mortuorios.

Finalmente, los recintos de Taula son los que más han interesado a los arqueólogos, por su grandiosidad, que no es comparable a ninguna otra edificación balear.

El centro de este recinto está ocupado por la Taula, un impresionante monumento formado por dos enormes piedras calizas lisas colocadas en forma de T, que asemejan a una gran mesa de pie central, lo que generó el nombre de *taula*, que en catalán significa mesa.

Las hay hasta de cinco metros de altura y de más de 25 toneladas de peso. Las más célebres son las de los recintos de Talatí de Dalt, Torretrencada y Torralba d'en Salort. Todos estos elementos arquitectónicos formaban parte de los poblados talayóticos. Por tanto, el modelo típico de poblado menorquín de época talayótica sería el siguiente: uno o varios talayots, un recinto de Taula en el centro, una serie de viviendas circulares, salas hipóstilas y una muralla circundando el complejo. No se creó una estructura urbanística, pero sí se pueden apreciar espacios abiertos que dibujaban algo parecido a plazas y a calles. Un poco más lejos, se encuentra la ciudad funeraria, la necrópolis, que puede estar formada tanto por navetas de enterramiento como por falsas cuevas.

Como ejemplo de esta estructura cabe destacar la Torre d'en Gaumés, probablemente el conjunto arqueológico más importante de Europa, con tres talayots sobre una pequeña elevación que domina gran parte de la costa sur de la isla, un sepulcro pretalayótico, numerosas viviendas, depósitos de agua y una imponente Taula.

La teoría: la espiritualidad talayótica

Para entender el porqué de estas extrañas edificaciones es necesario intentar acercarnos a la desconocida cultura talayótica. Poco saben los arqueólogos de su origen. La teoría más extendida considera que se trataba de un pueblo mediterráneo que procedía de la zona oriental del marenostrum y que se fue asentando en la isla a través de lentas migraciones que tuvieron lugar en el Neolítico y en la Edad del Bronce. En este punto, existen dos grandes hipótesis. La primera considera que la inmigración aportó grandes avances técnicos a los pobladores de la isla. Primero, éstos vivían en cuevas, pero poco a poco y debido a la influencia de los navegantes, empezaron a desarrollar los talayots.

La segunda opción, que cuenta con mayor número de defensores entre los arqueólogos, considera que civilización talayótica forma una unidad, una cultura que permanece en las islas —Mallorca y Menorca— durante cerca de dos mil años, con esporádicos contactos con el exterior, en especial con mercaderes griegos y fenicios y con los ejércitos cartagineses. Esta situación de aislamiento se rompe con la conquista del archipiélago por Quinto Cecilio Metelo, en 123-122 a.C. La romanización desintegra la cultura talayótica. Existen vestigios de que los romanos aprovecharon muchos de los poblados talayóticos para convertirlos en asentamientos rurales.

Por tanto, los datos que tenemos de esta cultura son siempre condicionales. Pero, sin duda, aunque poco podamos saber de ellos, sus monumentos siguen intrigando a los investigadores. ¿Para qué servían esas misteriosas construcciones? A partir de aquí, encontramos diferentes teorías.

Evidentemente, la primera función que tenían estos edificios era la supervivencia y, en un período posterior, la comodidad. Pero ahí no queda todo. Las impresionantes piedras no están hechas a medida del hombre, sino que tienen vocación de trascender, tal vez de contactar con el cielo.

La importancia de la necrópolis demuestra un interés metafísico y, seguramente, religioso. Sin embargo, también hay otras teorías que apuntan al carácter astronómico de tales edificios.

El astrofísico murciano Juan Antonio Belmonte ha realizado un interesante estudio sobre las relaciones entre las civilizaciones antiguas y la astronomía en el que explica que todos los recintos de Taulas, excepto la de Torralba d'en Salort que está orientada a levante, miran hacia el octante (un octavo de círculo) del horizonte centrado en el sur verdadero. Todo ello invita a pensar que la posición de estas edificaciones obedecía a un criterio astronómico. ¿Qué es lo que pretendían ver los hombres y mujeres talayóticos?

Según algunos astrónomos, en aquella época se podía observar en el horizonte la Cruz del Sur y Alfa y Beta Centauri. Esta hipótesis justifica que este tipo de edificaciones únicamente se dieran en Menorca. El paisaje más agreste y montañoso de Mallorca impediría la observación de este paisaje astronómico.

A partir de aquí se despliegan una serie de teorías que difícilmente se podrán comprobar. Algunos aseguran que tal vez se trataba de observatorios que servían para ponerse en contacto con seres de otras galaxias. O que quizá los creadores de estas grandes construcciones procedían de otro planeta y mediante estos observatorios no perdían el contacto con su lugar de origen.

Frente a estas hipótesis se dibujan otras, completamente diferentes. Nos referimos a las del gigantismo, que aseguran que en una época lejana la tierra estuvo poblada por seres de gran tamaño.

En este sentido, los talayots serían grandes mesas que los gigantes utilizaban para sus ágapes. En Mallorca y en Formentera se han encontrado restos óseos de enorme tamaño y la literatura popular hace muchas referencias a los gigantes. Todo ello ha llevado a pensar que la única forma de levantar estos impresionantes monumentos era con una fuerza y longitud que triplicara la de los humanos. Por lo tanto, los gigantes podrían haber llevado tal hazaña sin demasiados esfuerzos.

LAS PIRÁMIDES DE GÜIMAR, LA HUELLA GUANCHE

Ubicación geográfica

Güimar está situado al sureste de la isla de Tenerife (islas Canarias) a unos 25 km de la capital. El casco urbano se eleva 290 metros sobre el nivel del mar.

El valle de Güimar tienen una morfología muy peculiar: está constituido por un plano inclinado que se extiende desde la cumbre hasta el mar con las paredes laterales escarpadas. Es una región en la que abundan los barrancos, algunos de gran profundidad, debido al abundante caudal de agua que transportaron en el pasado.

Güimar era una de las nueve zonas que dividían Tenerife antes de la conquista. El nombre es de origen guanche y también se han encontrado menciones a la zona bajo el nombre

de Goymad o Guymad. Los dos últimos gobernantes guanches fueron Acaymo y su hijo Añaterve, este último contemporáneo a la conquista.

La conquista barrió casi por completo la cultura aborigen. Rápidamente, los pobladores se bautizaron y adoptaron nombres cristianos. Simplemente quedaron los toponímicos de la región como Guaza, Chacaica, Chacona, Agache, Chinguaro, por citar algunos ejemplos.

La fecha del enigma

El misterio de las pirámides se dio a conocer en 1990. Las pirámides, ubicadas en una región en la que se da prioridad al turismo sobre la arqueología, habían pasado desapercibidas durante siglos. A la sazón, estaban cubiertas por una espesa vegetación de matojos que impedía que hasta el momento se hubiera apreciado su estructura piramidal.

Las pirámides escondidas

El investigador Emiliano Bethencourt dio el pistoletazo de salida en la investigación de estas pirámides, en 1990. Tras años de estudio y de múltiples entrevistas realizadas a los campesinos de la zona de Chacona situó en el mapa esas construcciones que no se sabía muy bien qué podían ser. Un grupo de arqueólogos e historiadores de la Universidad de La Laguna (Tenerife) dictaminaron que se trataba de amontonamientos arbitrarios de piedras, realizados por los campesinos durante los siglos XVIII y XIX. Según sus conclusiones, habían apartado las piedras del lugar de cultivo, dando lugar a esos extraños edificios que apenas se vislumbraban tras los tupidos matojos.

Estas conclusiones fueron demasiado precipitadas. Cuando se procedió a limpiar la zona de arbustos se descubrió una estructura muy trabajada, que poseía desagües y escaleras. La forma no era arbitraria, sino que estaba estudiada. No había duda de que aquello no era fruto del azar sino de la mano de un arquitecto.

Al principio, estas teorías provocaron la mofa de los científicos. ¿Cómo podían haber estado tanto tiempo ocultas unas pirámides? ¿Cómo podrían haberse construido, tantos siglos atrás, unos edificios tan complicados? Los defensores de esta corriente consideraban aún más ridículo pensar que los campesinos agrupasen perfectamente unas piedras que tan sólo querían apartar del camino de los campos de cultivo.

La teoría: la civilización antigua

La polémica mencionada duró unos cuantos meses más y llamó la atención de los principales investigadores en la materia. En medio de todo este maremagno de dimes y diretes, tres astrofísicos del Instituto Astrofísico de Canarias realizaron una investigación astronómica en las pirámides de Güimar. Los resultados fueron publicados en junio de 1991 y concluyeron que las pirámides podrían haberse utilizado para predecir las fechas claves de los ciclos agrícolas. De esta forma, se podría haber establecido un calendario, tal como lo hacían los mayas, incas y aztecas con sus pirámides.

Según este estudio, las pirámides se alinean en ejes de orientación hacia los solsticios de verano e invierno en dicha zona, lo que por unos complicados cálculos permite la elaboración del calendario.

Esta conclusión abría el camino de una interesante teoría que hasta el momento únicamente se había insinuado: en Tenerife hubo una civilización prehispánica muy avanzada. A partir de ese momento, se empezaron a recopilar textos antiguos que confirmasen esta posibilidad. Así se encontraron alusiones en las crónicas de Abreu Galindo (1602), concretamente en el libro *Historia de la conquista de las siete islas canarias*. Según este antiguo historiador, las pirámides eran ya en aquellos tiempos un lugar de culto para los pobladores de esa región de Tenerife. También Franz von Loeher, enviado por Luis II de Baviera en 1873, había recopilado información sobre rituales religiosos que se llevaban a cabo en estas construcciones.

Sin embargo, el pistoletazo final en la admisión de que las pirámides contenían secretos hasta el momento desconocidos lo dio el doctor Thor Heyerdahl, un reconocido etnólogo que estudió el yacimiento arqueológico y lo comparó con los trabajos similares que había llevado a cabo en Perú. El tema interesó de tal modo al científico que movió todos los recursos que tenía en su mano para conseguir resultados fidedignos.

A principios de 1991, Heyerdahl tramitó los permisos necesarios para conseguir que un grupo de técnicos chinos y otro del Instituto Geotécnico de Noruega utilizasen geo-radares ultrasónicos en el subsuelo de aquellos enigmáticos edificios. Tras estas pruebas, se llevaron a cabo otras excavaciones. Heyerdahl nunca llegó a publicar la investigación, pero se limitó a ofrecer su conclusión: hubo, sin lugar a dudas, una compleja civilización prehispánica. Asimismo, llegó a la conclusión de que las pirámides habían sido construidas utilizando principios similares a las de México, Perú y la antigua Mesopotamia.

Aún son muchos los misterios que encierran estas pirámides, y en un futuro próximo los investigadores podrían arrojar nuevos y sorprendentes datos.

Seguramente, esto ocurrirá cuando empiecen a desvelarse más datos de la desconocida civilización guanche. La forma de gobierno que había en las Canarias antes de la conquista española ha sido escasamente estudiada, y cada vez son más los investigadores que creen que tiene una estrecha relación con imperios como el maya o el azteca. Estas pirámides pueden convertirse en la clave para revelar esos misterios.

FRANCIA

La República Francesa tiene una extensión de 547.030 km^2 y una población de 58.967.418 habitantes. Cuenta con fronteras que colindan con España, Italia, Suiza, Alemania, Luxemburgo y Bélgica y está bañada por el océano Atlántico y el mar Mediterráneo. Todo ello ha provocado que los contactos con diferentes culturas (ya fueran mercantiles o bélicos) dejaran una rica herencia.

Sin duda, desde el punto de vista histórico, el siglo XVIII fue el más importante. La Revolución francesa y la era de las luces encabezaron un movimiento que sacudiría a toda Europa y que tendría su epicentro en la capital gala, París. Es también en esta época en la que prima el raciocinio, con lo que se pierde buena parte de la tradición esotérica del país.

Las nuevas corrientes centralizan la cultura y el conocimiento, prescindiendo tanto de las lenguas que no fueran el francés, como de las tradiciones propias de una región que no tuvieran una explicación lógica.

Sin embargo, este hecho que supuso un gran avance para el país, no pudo acabar con los lugares mágicos que durante años habían atraído la atención de los estudiosos de todos los tiempos. Su encanto ha seguido vivo hasta el día de hoy. Por ello, vamos a repasar algunos de los más importantes.

CARNAC, EL MAYOR CONJUNTO MEGALÍTICO

Ubicación geográfica

Carnac está situado en la Bretaña, al noroeste de Francia, una región agreste coronada de bellísimas playas que se han convertido en uno de los parajes turísticos más pintorescos del país galo. Concretamente, Carnac se encuentra en el departamento de Morbihan, que en lengua bretona significa «pequeño mar».

La fecha del enigma

Las edificaciones megalíticas de Carnac son las más antiguas que se han encontrado. Los arqueólogos datan su cons-

trucción entre el cuarto y el tercer milenio a.C. A la hora de concretar más la fecha, los estudiosos del tema difieren, pero la mayoría de ellos aseguran que fueron edificados en el 4700 a.C. Esto supondría que son dos mil años más antiguas que las pirámides de Egipto.

La alineación perfecta

En Carnac hay una riqueza de yacimientos arqueológicos fascinantes. Se encuentran desde menhires sencillos hasta complejos dólmenes. Sin embargo, lo que ha llamado la atención de todos los que se han acercado a esta zona es la alineación de los menhires. Las filas a lo largo de cientos de metros son comunes. En Le Ménec, muy cerca de Carnac, se pueden observar 11 líneas paralelas de menhires que se extienden a lo largo de un kilómetro. La formación es impresionante y difícilmente se puede deber al azar. Le Ménec es un conjunto de granjas rodeadas por una elipse de piedras, situadas una junto a otra. El recinto mide 100 metros de diámetro y está compuesto por 70 megalitos de 1,20 m de altura media.

Las alineaciones de Le Ménec son en sí bastante impresionantes, pero a poca distancia nos encontramos con las avenidas de Kermario, «la tierra de los muertos», que resultan igualmente sorprendentes. El mayor de estos megalitos mide más de 7 metros de altura. También se distinguen filas que van disminuyendo en altura hacia el límite opuesto, situado a 1.200 m, donde se emplazan tres grandes rocas perpendiculares a las avenidas.

El tercer alineamiento de piedras se sitúa aún más al este, cerca de Kerlescan, «el lugar de las cremaciones». Aquí se hace presente un recinto casi cuadrado con trece hileras paralelas compuestas por 540 piedras. Por último y aún más al este, las cien del alineamiento de Le Petit Ménec, que seguramente estaba comunicado de algún modo con el de Kerlescan.

Entre Le Ménec, Kermario y Kerlescan, se pueden sumar unos 3.000 menhires que aún permanecen en pie ordenados en hileras. Algunos de ellos alcanzan los 6 metros de altura. Todos los alineamientos son paralelos y estas hileras se conectan con altares y círculos de piedra, además de tumbas. La cantidad de menhires identificados hoy en día es enorme: en Le Ménec hay 1.169 menhires, en Kermario 1.099 y en Kerlescan 594 menhires.

La cuestión que inquieta a los estudiosos desde hace siglos es saber qué significado tiene esa minuciosa alineación de los menhires.

Una de las primeras teorías que se aventuraron es que cada menhir representa a un antepasado muerto. Esas formaciones serían, pues, una forma de rendir tributo a los muertos y de demostrar que en estas antiguas civilizaciones ya existía un sentimiento religioso. De todos modos, en el siguiente punto repasaremos las principales teorías que se han elaborado sobre estas inquietantes formaciones de piedras.

La teoría: el observatorio más antiguo del mundo

El misterio de los megalitos de Carnac volvió a saltar a la palestra gracias a las investigaciones de Alexander Thom. Este antiguo profesor de ingeniería de la Universidad de Oxford estuvo cinco años, desde 1970 hasta 1975, estudiando los monumentos prehistóricos de Carnac. Sus conclusiones no pudieron ser más sorprendentes. Los megalitos servían para medir los movimientos del Sol, la Luna y las estrellas. Las sombras trazadas por los monumentos se empleaban para calcular los recorridos de los astros. Pero no sólo eso: también podían prever futuros movimientos. Según Thom, los megalitos formaban una especie de papel cuadriculado en el que se pueden calcular difíciles operaciones astronómicas.

Las teorías de este científico revolucionaron la investigación arqueológica y astronómica. De ser ciertas, estaríamos ante un observatorio astrológico que fue construido en el 4700 a.C. Esto supone un grado de sofisticación que hasta el momento no se había atribuido a nuestros antepasados.

Por otra parte, nos encontramos ante el enigma de su construcción. ¿Cómo pudo el hombre primitivo levantar esa megalítica construcción? La respuesta a esta pregunta nos remite al punto anterior: nuestros antepasados tal vez poseían una tecnología muy superior a la que hasta ahora se les ha atribuido.

CHARTES, LA CATEDRAL DE LA ENERGÍA

Ubicación geográfica

La ciudad de Chartres se extiende a orillas del río Eure. Está asentada sobre una fértil llanura situada a unos 90 km de París. La catedral, que preside la ciudad, es una joya del gótico que ha sido catalogada como patrimonio universal por la UNESCO.

La fecha del enigma

La primera catedral de Chartres se construyó en el 743, pero un incendio que se produjo en 1194 acabó casi con la totalidad del edificio. Desde entonces se reconstruyó en cinco ocasiones más, y la definitiva, tal y como la conocemos en la actualidad, data del siglo XVI. Sin embargo, y como se verá en el último punto de este apartado, su misterio se pierde en la noche de los tiempos.

Chartres, un lugar muy especial de peregrinación

Quizá el misterio más grande de Chartres consiste en comprender por qué se convirtió en un centro de peregrinaciones que movilizó a todo el cristianismo. En su interior, tan sólo se hallaba la imagen de una virgen con el niño Jesús y un trocito del manto que se utilizó durante el parto. Esta reliquia consiguió sobrevivir milagrosamente a todos los incendios que sufrió la catedral.

Sin duda, las virtudes que se le atribuían eran diferentes a las del resto de las metas de los peregrinos. Chartres era un lugar de transformación más que de culto. Los visitantes buscaban un cambio, en cierta forma elevar su espíritu a un estado superior, y la mayoría de ellos aseguraban que entrar en la catedral les confería esa evolución espiritual.

La iglesia está concebida para caminar erguido, con la cabeza alta, lo que según varios estudios facilita la filtración de energías. Los peregrinos entraban en el templo descalzos y avanzaban hasta un laberinto de 13 metros de diámetro grabado en las losas del suelo. Bailaban hasta llegar al centro, donde empezaban a recibir las buenas vibraciones del lugar. Al llegar al crucero, el caminante recibía la fuerza de la catedral a través de la luz de las tres vidrieras. De esa forma, salía renovado con una energía que hasta el momento no había experimentado.

Otra de las características de la catedral es que allí nunca se sepultó a nadie. Muchas iglesias de la época utilizaban el entierro de los prohombres de la comunidad como una fuente de ingresos. El pretexto es que en el Juicio Final todos recuperarían su cuerpo y sería más fácil que esto ocurriera si los restos yacían en un lugar santo. En cambio, Chartres era un lugar dedicado al culto a la Virgen María, por lo que no se podía enterrar a nadie. Esto da una nueva dimensión al templo, que se consideraba un lugar de vida y no de muerte. De hecho, sólo hay una pequeña imagen de Jesucristo crucificado en todo el recinto.

La presencia del laberinto antes mencionado no deja de ser curiosa, puesto que es un símbolo con una carga más mitológica que cristiana.

Siguiendo con la herencia pagana, otro hecho resulta realmente sorprendente. La catedral de Chartres, a las doce del mediodía del 21 de junio, durante el solsticio de verano, ofrece un espectáculo verdaderamente sorprendente. Un rayo de sol entra por un punto del vitral de Saint-Apollinaire y refleja una losa diferente sobre las que conforman el embaldosado del recinto religioso, dando en una marca que se encuentra en uno de los laterales de dicha losa. Este hecho no es un capricho del destino. Para planificar este espectáculo tuvieron que intervenir al menos un astrónomo, un geómetra, un vidriero, un enlosador y el propio constructor. Y no deja de ser intrigante que el día elegido fuera el solsticio de verano, que siempre ha tenido una connotación pagana.

Por otra parte, no deja de ser sorprendente la iconografía de las baldosas y de las vidrieras. Animales apocalípticos, ángeles que tienen nombres de las constelaciones del zodíaco y santos que se parecen sospechosamente a dioses de otras mitologías. Todo ello ha hecho que la catedral esté rodeada de magia y misterio.

La teoría: la energía druida

La historia de Chartres se remonta a los albores de la humanidad. Los mismos constructores de estructuras megalíticas como la de Stonehenge edificaron un dolmen y un pozo sobre un montículo. Debajo del dolmen había una cámara en la que cabía un hombre. Según se afirmaba en la época, aquella cámara proyectaba una energía que emanaba de la tierra y de la que se podían beneficiar los hombres que pasaran por ella. Por ello, el dolmen y el terreno del montículo fueron venerados como lugares sagrados.

Posteriormente, los druidas encontraron el dolmen y percibieron su energía. Aprovecharon el enclave para crear una escuela druídica. Los sacerdotes celtas de Galia y Bretaña tuvieron una visión profética en la que una virgen daba luz a un niño. Por ello, tallaron una estatua en la que la virgen sostenía a un pequeño en sus rodillas.

En el siglo III, los primeros cristianos que llegaron a Chartres descubrieron la imagen de la virgen, ennegrecida por el paso de los años. La adoraron como a la virgen negra y construyeron un templo en su honor. El lugar donde hallaron la imagen santa recibió el nombre de Gruta del Druida y desempeñó la función de cripta de la iglesia. El pozo recibió el nombre de Pozo de los Fuertes.

A partir de ese momento, en el 743, Chartres se convirtió en lugar de culto. Sin embargo, la mala suerte acompañó a esta edificación. Se llegaron a construir cinco iglesias y todas fueron devastadas por el fuego. La sexta, que es la actual, fue construida en un panorama plagado de misterios.

Para comprenderlos, tenemos que remontarnos a la Orden de los Caballeros Templarios. El fundador de la orden cisterciense, Bernardo de Claraval, pidió a nueve caballeros galos que renunciasen a sus riquezas y se embarcaran en una aventura que cambiaría sus vidas. Debían dirigirse a sancta sanctorum del tempo de Salomón, que estaba en Jerusalén. Estos caballeros templarios estuvieron 10 años cumpliendo con la misión encomendada por el abad y regresaron a Francia en 1128. A partir de ese momento, florecieron por todo el país bellas catedrales góticas, de las que Chartres es una de las más representativas.

Varios estudios han intentado comprender cómo se pudo dar una revolución arquitectónica tan importante de la noche a la mañana. Esta pregunta sigue sin respuesta. Los seguidores de la historia de los templarios aseguran que los caballeros franceses encontraron una sabiduría oculta tal vez en el Arca de la Alianza de Moisés y que aplicaron esos conocimientos a diferentes campos del saber, entre los que se incluye la arquitectura.

En lo que a Chartres concierne, parece que su poder magnético provendría de esos conocimientos y de las fuerzas telúricas que emanan de la cripta de la catedral. Sea como fuere, lo cierto es que la bella catedral de Chartres oculta una energía mágica que sigue fascinando a sus visitantes.

GRAN BRETAÑA

Las islas de Reino Unido han desempeñado y desempeñan en la actualidad un papel clave en la política del mundo. Con 244.820 km² y 59.647.790 habitantes, Inglaterra e Irlanda de Norte constituyen un territorio rico en paisajes variados. Desde la cosmopolita y bulliciosa Londres hasta los prados idílicos y llenos de encanto de Irlanda. Estas dos islas han estado plagadas de leyendas y mitos desde el inicio de los tiempos. Celtas, druidas y caballeros artúricos han recorrido sus llanuras dejando en el inconsciente colectivo un sinfín de historias llenas de magia que todavía hoy en día recuerdan algunos lugareños.

En el siglo XIX, Inglaterra, con su Revolución industrial, se puso a la cabeza de lo que sería la concepción de un nuevo mundo, que miraba hacia el futuro, pero que tampoco olvidaba el pasado. Como muestra de éste, han quedado innumerables parajes mágicos que a continuación recorreremos.

GLASTONBURY, ¿LA MÍTICA AVALON?

Ubicación geográfica

Glastonbury es una población que pertenece al condado de Somerset, situado en la parte occidental de Inglaterra, aproximadamente a 185 km de Londres. Esta ciudad se encuentra al pie de una colina aislada del resto de las poblaciones por unas laderas escarpadas. Siete mil habitantes viven en esta comunidad, que se ha hecho famosa recientemente por albergar uno de los festivales de música moderna más famosos, que lleva el mismo nombre que el de la población.

La fecha del enigma

Resulta difícil establecer una fecha concreta. Son tantos los enigmas que discurren en Glastonbury que cada uno

acontece en una época diferente. Como punto de partida se puede señalar el 705, que es la fecha en la que se construyó el primer monasterio. El edificio se edificó sobre una tierra de misterios que a partir de ese momento empezarían a salir a la luz.

El primer asentamiento cristiano

No deja de ser curioso que una zona rodeada de enigmas fuera escogida por los cristianos como su primera morada en Inglaterra. El paisaje no era entonces demasiado atractivo. Glanstonbury era por aquel entonces semejante a una isla, rodeada de pantanos y de aguas. No se sabe con certeza cuándo empezaron los primeros asentamientos. La primera noticia oficial, como ya se ha explicado, se sitúa en el 705. En esa fecha el rey Une fundó un monasterio que en el siglo X pasaría a manos de los monjes benedictinos.

De esta época y de las anteriores quedan una serie de yacimientos arqueológicos de los que sólo se pueden apreciar los contornos de los edificios que existieron en un tiempo. Todo ello ha dejado un inquietante y misterioso paisaje de otros tiempos que se funde en la impresionante campiña. Todas las leyendas que subyacen en este lugar han creado un peregrinaje de lo más variopinto. Aquí acuden cada año estudiosos de las leyendas artúricas, cristianos que buscan los orígenes de su fe y astrólogos que confían en descubrir la alineación del zodíaco. A reglón seguido, trataremos los múltiples misterios que encierra este lugar.

La teoría: Avalon, Jesucristo y el Zodíaco

Como ya se ha comentado, no es una sino muchas las teorías que emanan de este lugar. Por ello, será necesario analizarlas una a una. Quizá las más famosa es la que liga a esta población con las leyendas artúricas.

Glastonbury podría ser para algunos estudiosos del tema la famosa isla de Avalon. Su antigua estructura, rodeada de pantanos, bien podrían coincidir con la descripción de la última morada del rey Arturo. Según cuenta la leyenda, tras su última batalla, el monarca fue trasladado a la mítica isla de Avalon. Allí ordenó a uno de sus caballeros que lanzara su espada Excalibur a un lago. Cuando éste lo hizo, una mano surgió de las aguas y se apoderó del arma. Los defensores de esta teoría mantienen que el lugar descrito podría ser el puente de Pomparles, actualmente desecado y que se halla muy cerca de Glastonbury.

Las primeras noticias de que el rey Arturo podría estar enterrado en esta población se produjeron cuando un caballero bardo galés le reveló el paradero de la tumba al rey Enrique II. En 1184 y tras un incendio que consumió el monasterio, el monarca ordenó a los abades que buscasen la tumba. A unos dos metros de profundidad encontraron una lápida que rezaba: «Aquí yace enterrado el ínclito rey Arturo, en la isla de Avalon». A dos metros y medio de profundidad por debajo de la losa se halló un ataúd de tronco hueco. Los restos que allí se encontraron eran los de un hombre de 2,4 metros de altura y otros más pequeños que se atribuyeron a la reina Ginebra, ya que se encontraron unos mechones rubios.

En 1962, el arqueólogo británico Ralegh Radford confirmó el descubrimiento de la tumba, pero no pudo demostrar a quién pertenecían aquellos restos. En 1278 se construyó otro sepulcro de mármol negro ante el altar mayor del monasterio en el que aparece la inscripción de «tumba del rey Arturo». Seguramente nunca podrá saberse si los restos que en ese lugar reposan pertenecieron al creador de la mesa redonda. Otras partes del reino también pugnan por ese honor. Por ejemplo, en Bridgend, en Gales del Sur, algunos investigadores también han encontrado evidencias de una posible tumba.

Avalon era una isla mítica, donde la gente no envejecía y había remedio para casi cualquier enfermedad. Los restos de Glanstonbury demuestran que se trataba de una ciudad muy próspera en comparación con las de aquella época, lo que ha hecho suponer que tal vez esos poderes mágicos que se narran en los relatos podrían deberse al alto nivel de vida del lugar.

Sin embargo, ésta no es la única historia que une la tradición artúrica con este lugar. También existe otro relato anterior en el que se explica una visita del rey Arturo a la región. Según se relata, el rey de Somerset, Mewlas, raptó a la reina Ginebra y la llevó a Glastonbury. Arturo y varios caballeros acudieron a rescatarla. Cuando estaba a punto de empezar la batalla, el abad de la región consiguió que ambos hablaran y llegaran a un acuerdo.

Con las leyendas artúricas se juntan otras, como se verá más adelante, que coinciden en un punto: el Santo Grial podría hallarse en esta población. El cáliz utilizado por Jesús en la última cena y al que se le atribuyen mágicos poderes podría estar enterrado en el famoso Pozo del Cáliz, que se encuentra en Glastonbury. Las aguas de dicho pozo son rojizas, debido al óxido de hierro, por lo que el lugar también recibe el sobrenombre de Fuente de Sangre.

A partir de aquí la leyenda se hace difusa. Algunos aseguran que los caballeros de la mesa redonda dieron, finalmente, con el Santo Grial y tal vez pudieron transportarlo a Reino Unido. No es de extrañar, si creemos este punto, que para salvar a su rey lo trasladaran al lugar donde se hallaba la mágica reliquia.

De todas formas, pocas informaciones más concretas que las meras suposiciones pueden desprenderse de los textos artúricos en este sentido. En cambio, sí tenemos otra historia que enlaza con ésta y apunta al Santo Grial. El personaje principal es en este caso José de Arimatea, el hombre que según las Sagradas Escrituras amortajó a Jesucristo y le dio sepultura. Muchos investigadores aseguran que escondió el cáliz de la Última Cena y lo transportó a Inglaterra.

Según la tradición de Glastonbury, José de Arimatea es el fundador del primer monasterio. Tras la muerte del Maestro, este hombre emigró a la región inglesa. Algunas leyendas cuentan que apoyó su bastón para rezar en el monte y entonces éste se convirtió en un espino que todavía hoy en día florece en Pascua y en Navidad en los terrenos de la abadía.

Por último, existe otra teoría que sigue intrigando a estudiosos de la astrología de todo el mundo. En 1929, la escultora inglesa Catherine Maltwood publicó el libro *El templo de las estrellas en Glastonbury*. En este trabajo explicaba que en Somerset había unas figuras trazadas por los accidentes geográficos de la región que representaban los 12 signos del zodíaco. Ríos, terraplenes, montañas, lagos y zanjas estaban dispuestos de tal forma que configuraban un mapa estelar. Según explican los defensores de estas teorías, este paisaje contaba con una parte natural, debida a los accidentes geográficos, y otra artificial, que elaboraron los antiguos habitantes de la región construyendo caminos y zanjas para perfilar el cuadro.

En muchos casos, se han fundido estas hipótesis con las leyendas artúricas. De este modo y con mucha paciencia, el mapa muestra topónimos que también tienen que ver con la distribución astral. Algunos estudiosos de la materia creen, por ejemplo, que Merlín es Capricornio, Ginebra es Virgo y Arturo es Sagitario. Glastonbury está situada en Acuario, que significa la Nueva Era.

STONEHENGE, EL MISTERIO DEL CÍRCULO MÁGICO

Ubicación geográfica

En el centro de la Inglaterra meridional se encuentra el condado de Wiltshire que acoge la llanura caliza de Salisbury, donde se encuentra Stonehenge. Toda la zona posee multitud de yacimientos prehistóricos, por lo que se ha convertido en lugar de visita obligada para los amantes de la arqueología. Sin embargo, Stonehenge alberga otros misterios que esta ciencia todavía no ha podido revelar.

La fecha del enigma

Como se verá más adelante, Stonehenge se construyó en tres fases. La primera empezó aproximadamente en el 3500 a.C. Si se tiene que poner fecha al momento en que este complejo megalítico empezó a ser conocido, sin duda sería la década de 1950, en la que varios arqueólogos llevaron a cabo interesantes estudios.

Las piedras que apuntan al cielo

El término Stonehenge significa Piedras Colgantes y fue utilizado por los sajones para definir ese terreno con una caprichosa distribución de piedras. Durante el Medioevo también recibió el nombre de Danza del Gigante.

Stonehenge está compuesto por una gran zanja circular sobre la que hay columnas de piedras y algunos agujeros, que se supone que sostuvieron columnas similares en otros tiempos. En el centro del enorme círculo se distinguen unas ruinas con unas columnas engarzadas. Nadie sabe a ciencia cierta para qué servía este extraño complejo de tan costosa construcción. En el apartado siguiente aventuraremos algunas de las teorías más extendidas sobre la función que podría desempeñar este místico enclave. En este punto, analizaremos cuándo y cómo se construyó.

En 1950, un grupo de arqueólogos capitaneados por Robert Atkinson iniciaron una concienzuda investigación que desveló los misterios de la construcción de Stonehenge. Según estas investigaciones, la primera parte de este megalítico monumento se edificó en el año 3500 a.C. En aquel entonces, se trazó la zanja que rodea el espacio y un terraplén circular. Asimismo, se erigió un gran edificio de madera en el centro, en forma también circular.

La construcción central es muy difícil de describir, puesto que desapareció hace demasiado tiempo. Se cree, por los agujeros que dejó, que debía tener unos 30 metros de diámetro y seguramente una cubierta de paja. Entre los años 2700 y 2200 a.C. se le añadió una serie de 56 orificios que describían un anillo dentro del terraplén. Son los llamados «agujeros de Aubrey», en homenaje a John Aubrey, un anticuario del siglo XVIII que los descubrió. En dichos socavones han sido encontrados restos humanos incinerados, lo que hace suponer que tal vez era un monumento mortuorio. Sin embargo, los arqueólogos aseguran que los restos datan de una época posterior, por lo que es probable que fuera construido con otra función y con el tiempo desempeñara el papel de sepulcro.

La segunda fase de la construcción está datada entre 2200 y 2000 a.C. En esta época se trazó el círculo de piedras. Para ello trasladaron 80 bloques de piedra arenisca azulada que procedían de las montañas de Precelly. Esta localidad se hallaba a 322 km de Stonehenge, por lo que el esfuerzo debió ser faraónico. Se cree que seguramente se llevaron en balsas a través del canal de Bristol, para luego remontarlas por diferentes ríos y finalmente fueron arrastradas con rodillos hasta el lugar elegido. Otra explicación apunta que es posible que una glaciación hubiera acercado las piedras a Stonehenge. Estas enormes piedras formaron dos círculos. Sin embargo, al poco tiempo fueron desmantelados y sustituidos por las piedras que hoy en día se pueden ver. Las actuales piedras pesan unas 26 toneladas y están talladas y encastradas para crear dinteles y articulaciones esféricas, lo que demuestra el talento de los artesanos de aquella época. Esta construcción, en forma de herradura, se puede observar en la actualidad.

Posteriormente, se trasladaron los bloques de arenisca azul al interior del círculo de megalitos, creando pequeños pilares que contrastan con los enormes que hay en el exterior. Fuera del círculo principal se cavaron orificios para levantar un doble círculo de piedras azules, aunque esta parte de la construcción fue un proyecto que nunca llegó a materializarse.

En la última fase de la construcción, las piedras azules fueron movidas de nuevo, para dejarlas en el interior del círculo. También se alzó la piedra conocida como Altar junto a las piedras más elevadas.

Visto el trabajo que supuso esta edificación, los siglos que llevó y el empeño que dedicaron los antiguos pobladores de la región, uno no puede menos que preguntarse: ¿y todo esto para qué? El interrogante sigue abierto, pero intentaremos encontrar algunas respuestas.

La teoría: la calculadora astral

Los arqueólogos no han podido ponerse de acuerdo a la hora de encontrar la función que desempeñaba Stonehenge. Algunos indicios parecen apuntar a que tenían un cometido funerario, mientras que otros señalan que era un lugar de culto. Está comprobado que el día 21 de junio, coincidiendo con el solsticio, un rayo de luz se filtra como una lanza por el complejo. Ello hizo pensar que tal vez se empleaba en un rito funerario, para energizar los cuerpos de los muertos en su tránsito al otro mundo.

Sin duda, la teoría más revolucionaria en este punto es la que aportó en la década de 1960 el astrónomo norteamericano Gerald Hawkins. Este científico introdujo en un ordenador la alineación de los megalitos y la posición de los planetas en la época en la que fue construido y llegó a la conclusión de que era una especie de rudimentaria calculadora que permitía calcular la posición del Sol y la Luna, así como la aparición de eclipses.

Otra teoría ciertamente polémica fue publicada recientemente en el periódico de la Sociedad Real de Medicina de Gran Bretaña bajo el título de «Stonehenge: Un punto de vista desde la medicina». Varios ginecólogos prestigiosos aseguran que las formas de Stonehenge son una reproducción de los órganos sexuales femeninos, por lo que el complejo es un culto a la fertilidad. El grupo de científicos canadienses que llevó a cabo la investigación, señaló que, visto desde arriba, el círculo interno de piedras azuladas representa los labios menores, y las gigantescas rocas externas los labios mayores. El altar de piedra es el clítoris y el centro abierto es el canal de parto o la vagina.

Por último, no faltan teorías relacionadas con la ufología. Muchos estudiosos del tema concluyen que fue una especie de legado que seres de otros planetas dejaron en la Tierra. Así se podría explicar su laboriosa construcción que, realizada con una tecnología superior, no supuso ningún esfuerzo totémico.

IRLANDA

Con 70.280 km^2 y 3.840.838 habitantes, esta república ha conseguido aunar tradición y expectativas de futuro. Los irlandeses siempre se han caracterizado por su respeto al pasado y así lo atestigua la conservación de todo tipo de vestigios que siguen llamando la atención de los arqueólogos de todo el mundo. En este territorio se conservan nada más y nada menos que 120 dólmenes y los restos de 20.000 fuertes celtas.

La cultura celta tuvo su máximo apogeo entre en siglo v y el VIII en que hubo grandes movimientos expansionistas. Sin embargo, desde el siglo VIII al IX recibieron los ataques de los vikingos, que concluyeron con la colonización de los normandos.

A partir de 1600 empezó una época de declive que alcanzó su cenit en 1840, con la gran hambruna que se convirtió en endémica. En 1922 se proclamó Estado independiente y desde entonces su política ha discurrido por caminos diferentes que la del gobierno inglés. Por ejemplo, Irlanda se mantuvo al margen de la Segunda Guerra Mundial.

Esta tierra, plagada de tradiciones y de contradicciones, esconde varios secretos y territorios mágicos. De todos ellos, y dado que la extensión de este libro no nos permite abarcar todas las zonas del mundo, nos hemos decidido por uno.

NEWGRANGE, ALGO MÁS QUE UN COMPLEJO FUNERARIO

Ubicación geográfica

Situado en un meandro del río Boyne, el valle del mismo nombre se ha convertido en una atracción turística de primer orden gracias a dos hechos. El primero fue la batalla de Boyne. En 1688, Guillermo de Orange derrotó al rey católico Jacobo II, garantizando la sucesión de un protestante en el trono de Inglaterra. El otro hecho que ha conseguido que turistas de todo el mundo se interesaran por la zona es el complejo funerario conocido como la Curva de Boyne.

El valle de Boyne está situado en el condado de Meath, a unos 45 kilómetros de Dublín.

La fecha del enigma

La construcción megalítica data del Neolítico y empezó a despertar el interés de los investigadores en 1699. A partir de

entonces y hasta nuestros días diferentes estudios han ido aportando nuevos datos al misterio.

La cámara mortuoria de la prehistoria

El valle de Boyne está presidido por tres tumbas: Newgrange, Knowth y Dowth. En el interior de este magnífico edificio, 25 galerías funerarias guardan los secretos de nuestros antepasados.

La cámara funeraria de Newgrange tiene una cubierta de falsa bóveda que se mantiene unida por el peso del suelo que se encuentra encima. Cada piedra la bóveda se colocó un poco más hacia el centro que la inferior de modo que la capa de piedras va delimitando la forma. Los arqueólogos creen que para realizar esta construcción hubo que soportar la cubierta con puntales hasta que las obras se finalizaron.

A priori, podría parecer que este invento fue poco menos que un apaño para una civilización que poco conocía de la arquitectura. Pero pensar eso sería un gran error. Ninguna de las cámaras ni de las bóvedas han necesitado ser restauradas. Han resistido tal y como las concibieron nuestros antepasados durante 5.000 años.

A finales del 4000 a.C., la cámara y el corredor quedaron cerrados por un grandioso bloque de piedra decorado con unas bonitas tallas. En las ceremonias de culto estaba prohibido que nadie entrara al interior del edificio. La entrada y el corredor eran como una vía entre los vivos, fuera de la cámara, y los muertos, dentro de ella.

Sin embargo, pese a la magnificencia de la construcción, seguramente lo que más llama la atención son las laboriosas tallas que esculpen el complejo. La entrada está cubierta de complejas espirales y zigzags. Hay tallas de este tipo tanto en el suelo como en la bóveda.

Además de estos sutiles y trabajosos trazados, de los que continuaremos hablando más adelante, un fenómeno ha atraído la atención de los estudiosos de todo el mundo. Todo el complejo estaba ideado para que algo muy especial ocurriera el 21 de diciembre. Ese día, la cámara se abría antes de la salida del sol. Los rayos del astro rey se filtraban y alcanzaban la cámara principal, que quedaba completamente iluminada, con un aire casi mágico.

El fenómeno está cronometrado: ocurre todos los 21 de diciembre (el solsticio de invierno) exactamente a las 9:54. El rayo solar se introduce por un hueco situado por debajo de la cámara del tejado al otro extremo de la tumba. A los seis minutos llega el máximo de luz que entra por este pequeño resquicio y llena por completo la cámara situada a 22 metros de la entrada. A partir de ahí empieza a debilitarse, hasta que a las 10:45 desaparece para no volver a producirse hasta el año siguiente. Todo este increíble espectáculo dura apenas 21 minutos.

Durante los días previos, la luz se va colando, pero no se produce un efecto tan espectacular hasta que llega el día del solsticio.

Este ingenio de precisión ha intrigado a los investigadores de todos los tiempos. Pero antes de intentar desvelar el misterio, conviene saber un poco de los descubrimientos arqueológicos de este enclave.

En 1699, el estudioso galés Edward Lhuyd (1670-1780) fue el primero en entrar en la tumba. En esos momentos había sido saqueada y se encontraba en un estado ruinoso. De todos modos, el galés quedó sorprendido por la estructura del edificio y dejó varios escritos describiendo lo que había visto.

En el siglo XVIII, un profesor de física del Trinity College de Dublín, llamado Thomas Molyneux, se quedó completamente extasiado ante la visión de aquel espectáculo natural.

Pero para encontrar respuestas a los enigmas que esconde este lugar, tendremos que esperar la llegada de los investigadores más modernos.

La teoría: los astrónomos del Neolítico

En todas las prospecciones antes mencionadas, apenas se les dio importancia a las tallas y esculturas. Sin embargo, éstas tenían varias características que las hacían especialmente curiosas. Para empezar, no se parecían a ningún tipo de representación que se hubiera encontrado en el resto de Irlanda. ¿Por qué en aquella zona se llevaban a cabo esas esculturas en piedra que no tenían nada que ver con el resto?

La primera respuesta la aventuró Martin Brennan en su estudio *La visión del valle de Boyne*. Este investigador analizó más de 700 piedras y llegó a una conclusión de que representaban la astronomía del universo. Los habitantes de Newgrange eran los grandes astrónomos del Neolítico y habían creado una serie de dibujos y trazados que pretendían condensar el orden del cosmos. Sin embargo, parece ser que su afán no era tan sólo científico. Había, bajo toda esa ciencia rudimentaria, un sentimiento religioso o al menos humanista. La forma de Newgrange emula un gran huevo, el símbolo de la vida que nace y, a la vez, varios de sus trazados imitan los genitales masculinos y femeninos. Todo ello parece indicar que lo que buscaban era solución a su existencia a través del equilibrio con el universo.

Todas estas teorías adquirieron mayor validez cuando el arqueólogo de la Universidad de Cork, Michael O'Kelly, observó por primera vez en 1969 el magnífico espectáculo de luces que tiene lugar el 21 de diciembre. Todo ello ratificó lo antes dicho. La luz entra en el día más corto del año para perpetuar el ciclo entre la vida y la muerte, para facilitar el tránsito al otro mundo.

Todo ello nos pinta el retrato de un hombre del Neolítico muy diferente al que siempre habíamos imaginado. Por una parte, tiene preocupaciones metafísicas, que van más allá de la simple supervivencia. Y, por otra, posee unos conocimientos arquitectónicos muy superiores a los que cabría imaginar.

POLONIA

Unos 38.802.000 habitantes pueblan los 312.685 km² de superficie que posee la República de Polonia. Los primeros habitantes del territorio polaco fueron las tribus eslavas que vivían en la orilla de los ríos Oder y Vístula. El primer rey del que se tiene noticias fidedignas es Mieszko I (960-992). Durante varios siglos, Polonia ocupa una posición de supremacía en la región, pero a partir de 1500 se inicia un proceso inexorable de decadencia que alcanza su cota máxima en 1772, cuando el territorio polaco se desmiembra y pasa a formar parte de los grandes imperios del momento. En 1807 vuelve a ser reconocido como país, gracias a Napoleón y durante un espacio muy corto de tiempo. A partir de entonces empiezan una serie de luchas por conseguir la independencia y Polonia acaba siendo siempre la moneda de cambio entre las grandes potencias.

Este país ha estado en guerra desde tiempos inmemoriales. Y no se debe al carácter belicoso de los polacos sino a su situación en el mapa. Tiene fronteras con un sinfín de países, lo que siempre es fuente de conflictos. En la actualidad limita con Alemania, la República Checa, Ucrania, Bielorrusia, Lituania y Rusia. Su salida al mar Báltico ha sido siempre la más codiciada por sus enemigos.

Por todo ello, Polonia ha sufrido a lo largo de la historia innumerables invasiones que han empobrecido la región, que subsistía básicamente de la agricultura, que era arrasada en cada reyerta. Esta situación, que acabó con una hambruna endémica, provocó múltiples migraciones durante los siglos XIX y XX.

BISKUPIN, EL POBLADO FORTIFICADO

Ubicación geográfica

Biskupin se encuentra en una península del norte central de Polonia, al oeste de Varsovia. Pertenece a la región llama-

da popularmente «la gran Polonia» porque incluye los territorios que tuvieron mayor importancia en la época de esplendor de este país.

La visita a Biskupin está incluida en casi todos los viajes turísticos, puesto que su valor arqueológico ha sido utilizado con un acicate para los visitantes de la región.

La fecha del enigma

Los arqueólogos creen que este sorprendente asentamiento fue utilizado por sus pobladores desde el siglo VIII hasta el V a.C., aproximadamente. Pero fue en siglo XX cuando recuperó su esplendor.

La historia de Biskupin

El asentamiento de esta región tenía unas dos hectáreas y empezó a ser ocupado por sus pobladores hacia el 720 a.C. El primer detalle que llama la atención es su fortificación de madera, de seis metros de alto por tres de ancho, relleno de agua. En la parte que colindaba con el lago, se construyó un rompeolas de siete metros de anchura. La puerta se alzaba 10 metros y los restos permiten imaginar que debía haber unas torres de vigía.

En el interior de la fortificación, las casas formaban largas hileras. Eran una especie de viviendas adosadas, separadas tan sólo por una pared, que se extendían paralelas por toda la planicie. Había unas 12 edificaciones paralelas y entre unas y otras hubo unas rudimentarias calles, cubiertas de troncos. Las casas eran de una sola habitación, aunque había algunas de dos. Todas eran iguales, lo que hace que los arqueólogos crean que no se trataba de una sociedad jerarquizada. No había jefes o, si los había, las distinciones de su rango nada tenían que ver con la vivienda. Estos restos también hacen imaginar que era un pueblo con un fuerte tejido social y un alto grado de cooperación, puesto que vivían pared con pared con sus vecinos.

Los yacimientos también han demostrado que se dedicaban a actividades agrícolas e industriales. Se han hallado restos de ganado mayor (cerdos, ovejas y cabras) y en menor medida de ciervos y jabalíes. También se dedicaban a la elaboración de tejidos, ya que hay restos de husos y telares. Asimismo, trabajaban el metal: al principio el bronce y luego el hierro.

La fortificación demuestra que tenían miedo de la invasión de pueblos vecinos. Ello hace pensar que los pobladores debían pertenecer a un antiguo pueblo eslavo que era acosado continuamente por tribus bálticas.

Cuando se creó este asentamiento, las aguas del nivel del mar estaban mucho más bajas. El problema es que con el devenir de los siglos se dio un cambio climático que hizo que paulatinamente fueran subiendo. En un principio, esta condición ayudó a la supervivencia del pueblo, puesto que lo aisló de posibles enemigos. Pero, finalmente, el nivel de las aguas subió de tal manera que el poblado se inundó. Esta circunstancia ha permitido encontrar casi intacto este enclave que ha servido para conocer detenidamente la vida de nuestros antepasados.

La teoría: un recorrido por el túnel del tiempo

Biskupin es, sin duda, un lugar de importancia básica para entender el modo de vida de nuestros antepasados. No sin razón ha sido apodada «la Pompeya polaca», puesto que, al igual que ocurre con la villa italiana, el público puede observar la vida diaria de los hombres de otros tiempos.

La magia de este lugar no se encuentra en sus misterios, si bien es cierto que faltan por conocer algunos de los detalles que acabarían de completar la historia. El encanto del enclave, lo que de verdad lo ha convertido en un lugar mágico, es el montaje que se ha realizado para acercar la arqueología al espectador de a pie, que puede estar interesado por el tema sin ser un gran entendido.

Biskupin ofrece al turista y al amante de la arqueología un espectáculo incomparable. Pero antes de adentrarnos en su misterio, deberíamos remontarnos a la historia de su descubrimiento.

En el otoño de 1933, Walenty Szwajcer, maestro de Gasawa, Polonia, paseaba por la región de Biskupin. De repente, se dio cuenta de que en su camino había unas estacas de madera que sobresalían de la superficie de la tierra húmeda. Rápidamente, informó de su hallazgo al Instituto de Arqueología de la Universidad de Poznan.

El maestro no sospechaba que había dado con uno de los yacimientos más importantes de la Europa oriental. Los datos revelan que en este lugar, aproximadamente hace doce mil años, existió un clima más templado que propició una vida rural rica y agradable.

Biskupin quiso mostrarse al mundo de forma diferente. En la época de su descubrimiento imperaba un nuevo concepto de la arqueología y de la historia en general. Se trataba de una corriente anglosajona que pretendía acercar el conocimiento al gran público, rehuyendo la presentación convencional, y a veces un tanto tediosa, de los clásicos museos. El doctor Aleksander Bursche del Instituto de Arqueología de la Universidad de Varsovia ideó la Feria Arqueológica, cuyo eslogan es: «Toma el objeto con la mano, haz una copia exacta y siente la tradición y la historia».

La brillante idea se topó con los inmovilistas ministerios de educación, arqueología, cultura y arte que se negaron a sufragar económicamente aquel experimento. Sin embargo, la idea prosperó gracias a la ayuda de patrocinadores particulares. De este modo, miles de niños, estudiantes y público en general han podido participar en auténticos experimentos arqueológicos.

La instalación principal de la Feria es el Museo de Sitio, donde se aprecian los objetos arqueológicos tal y como se encontraron. En este recinto se pueden ver reconstrucciones de los diferentes edificios. Los principales puestos son el de la caza, donde se les enseña a los niños a manufacturar el arco y la flecha, así como la ballesta, además de divertirse tirando al blanco. En el puesto de pan se sigue una antigua receta para moler el trigo y se prepara el pan en hornos hechos por los mismos estudiantes conforme a los conocimientos de aquellas épocas. En el puesto de orfebrería, se forjan instrumentos de hierro, bronce y cobre, en hornos experimentales que alcanzan hasta los mil quinientos grados. En el lugar dedicado a los pescadores, se elaboran redes, anzuelos, puntas y todo tipo de instrumentos relacionados con la pesca de la región. En el puesto de piel se fabrica alquitrán de la corteza del abedul, una sustancia bactericida y desinfectante, utilizada para el curtido del cuero, que después servirá para elaborar la vestimenta de los que se acercan a este lugar.

La elaboración de cerveza, alfarería, el fuego, la talla de madera, la agricultura, la cestería y una visita subacuática completan la oferta de este lugar destinado a acercar la arqueología al gran público.

Biskupin ha mostrado sus misterios y, ahora, cualquier visitante puede participar de ellos.

MALTA

La isla de miel. Es así como la llamaban los antiguos griegos. No porque hubiese muchas abejas, sino porque es el color de su suelo y de la roca con la cual han sido construidas sus casas. Malta es un pequeño archipiélago (316 km^2) de tres islas, Malta, Gozo y Comino, situadas al sur de Sicilia.

Densamente poblada, esta pequeña isla debe su intensa actividad turística a su clima agradable y a la riqueza de su historia, que data de más de 4.000 años, o sea anterior a las grandes pirámides de Egipto. En los albores de la humanidad, fue habitada por una civilización megalítica, después fue un puesto fenicio y más tarde sufrió la ocupación de los griegos y de los cartagineses. Además, en 218 a.C., los romanos la anexaron a su imperio.

En 870, la isla fue ocupada por los árabes, que dejaron como legado una gran influencia islámica, hasta que en 1090 fue invadida por el rey de Sicilia. En 1530, Carlos V cedió la isla a los célebres Caballeros de Malta. Estos últimos no perdieron el poder hasta 1798, cuando Napoleón ocupó el país. En 1800, los británicos hicieron de la isla una base estratégica de su imperio. Finalmente adquirió la independencia en 1964 y se unió a la Commonwealth. Diez años más tarde, la isla se convirtió en una República.

LOS TEMPOS DE TARXIEN

Ubicación geográfica

En el sudeste de la isla encontramos los templos de Tarxien, una joya arquitectónica que alberga misterios y secretos.

La fecha del enigma

Se cree que la construcción empezó en el 3000 a.C. En 1902 se empezaron a descubrir los vestigios.

Tres templos misteriosos

Nos encontramos con un conjunto de tres templos construidos en fechas diferentes. Las edificaciones que nos dejó aquel pueblo de la Edad de Piedra poseen un sello muy particular, sólo comparable con algunos emplazamientos de Otranto, en el tacón de la bota de Italia.

Aunque más grande que los otros templos malteses, el de Tarxien está construido a base de enormes bloques de piedra, formando pares de cámaras semicirculares, cada una de las cuales está conectada a las siguientes por un pequeño y estrecho pasadizo.

Algunos de los bloques de piedra están decorados con un sorprendente dibujo de motivos foliares. El exterior del templo carece de decoración; es posible que sus primitivos habitantes concedieran mayor importancia al interior. Todos estos rasgos son comunes a la mayoría de los monumentos megalíticos que se encuentran en la isla de Malta.

Por ejemplo, tienen en común varias características arquitectónicas como su disposición en forma de trébol. Cerca de la entrada de un templo, hay varias piedras redondas que servían para desplazar los inmensos bloques de piedra utilizados. Sobre los muros interiores hay varias representaciones de animales y espirales.

Teoría: el culto a la Madre Tierra

En muchos otros puntos de Malta se han encontrado estatuillas de mujeres enormemente gruesas, lo que siempre suele indicar un culto a la fertilidad femenina. El autor británico James Wellard opina en su obra *The Search for Lost Cities* que, en vista del terreno tan rocoso de Malta, el temor al hambre debería dominar el pensamiento de los antiguos habitantes de la isla y sugiere que esto sirvió de inspiración para las «mujeres gordas» de Malta. Según el autor: «en otras palabras, nos hallamos ante la glorificación de la obesidad, tan desagradable para los occidentales bien alimentados y tan admirada por todos los pueblos desnutridos». Por otra parte, hay quienes mantienen otras teorías, como la arqueóloga británica Jacqueta Hawkes, que en su *Atlas del hombre primitivo* sostiene la teoría de que las representaciones de estas opulentas damas demuestran, sin lugar a dudas, que estos templos estaban dedicados al antiguo culto mediterráneo de la Diosa Madre.

Esa disposición de cada uno de los tres templos de Tarxien, en forma de trébol, puede que tenga que ver con un rito realizado en primavera donde esta hoja ocupa el centro de todas las invocaciones a la Madre Naturaleza. Por otra parte, cabe destacar que encontramos dicho rito en las creencias paganas de la Europa de la costa atlántica entre los celtas.

Las poblaciones de la Malta prehistórica alcanzaron un nivel de cultura muy avanzada que, sin embargo, no estaba destinada perdurar. Según los historiadores y arqueólogos, hacia los años 2500-2400 a.C. los templos fueron abandonados y la gente desapareció. Aunque se desconocen las razones de estos hechos, es posible que tengan que ver con el aspecto de la fertilidad, es decir, que es posible que una sequía prolongada y el agotamiento de sus suelos provocaran una hambruna que acabara con gran parte de la población. Resulta también enigmático que una civilización tan avanzada para su tiempo pereciera por falta de alimentos. No se sabe lo que pasó con los supervivientes. Tal vez, emigraron a otras zonas llevando consigo sus conocimientos.

GRECIA

La cuna de la civilización occidental es hoy en día un país de 131.940 km^2 poblado con 10.623.835 habitantes, que poco tiene que ver con el próspero imperio que fue.

En Grecia nacieron la filosofía y la democracia. Pericles instauró el sistema de votación, que, si bien no era tan representativo como el actual, supuso una auténtica revolución en su momento.

La mitología griega fue la religión de Occidente, que después fue adoptada por los romanos con algunos pequeños cambios, durante siglos. Sin embargo, no se trataba de una religión fanática, sino de un culto más bien social. Las obras arquitectónicas más bellas de Grecia están dedicadas a sus dioses.

Los enfrentamientos entre Esparta y Atenas debilitaron esta próspera civilización, que cayó en manos del macedonio Alejandro Magno. A partir de ese momento se inició el período helénico, que acabó cuando el Imperio romano alcanzó su época expansionista.

Los conocimientos griegos llegaron hasta nuestros días, y, en la actualidad, visitar este país es un recorrido único para conocer la cuna de nuestros pensamientos.

DELFOS, EL ORÁCULO DEL MUNDO GRIEGO

Ubicación geográfica

Este templo se encuentra en el golfo de Corinto, sobre el valle del río Plisto, en la ladera del monte Parnaso. El paisaje es espectacular y no es de extrañar que fuera elegido como

lugar de culto. Todo parece creado para comprender la grandeza del universo y buscar respuestas en el interior de cada uno.

La fecha del enigma

El período de esplendor transcurrió entre el 700 y el 200 a.C.

El Oráculo de Delfos

Este templo dedicado a Apolo, del que todavía se conserva buena parte de la edificación, se convirtió en lugar de peregrinaje para los griegos. Según la tradición, el dios hablaba a través de una sacerdotisa llamada pitia o pitonisa. En los primeros tiempos, la intermediaria tenía que ser virgen, pero después se permitió que fueran mujeres de más edad. De todas formas, debían llevar una túnica que utilizaban las más jóvenes como símbolo de que adoptarían una vida pura, alejada de su familia y dedicada únicamente a las labores sacerdotales.

El ritual de la pitonisa era bastante complicado. Cuando un peregrino llegaba al lugar, se le ofrecía una cabra a Apolo y se le tiraba agua fría. Si el animal se estremecía, se interpretaba que Apolo estaba dispuesto a hablar con el visitante. Mientras esto ocurría, la pitia se preparaba para hacer de mediadora divina. Para ello, debía bañarse en una fuente sagrada y encender una hoguera con hojas de laurel, para que su cuerpo quedara impregnado del aroma purificador. La mujer se sentaba tras un biombo en el trono de Apolo. Mientras el peregrino sacrificaba un animal en honor al dios, la pitonisa entraba en trance, emitiendo gritos y gemidos. A partir de entonces, empezaba a decir palabras muchas veces inconexas, que los sacerdotes escribían para luego interpretar correctamente.

A pesar de que los mensajes en muchos casos eran crípticos, el oráculo de Delfos se convirtió en un lugar de peregrinación que atrajo a gentes de todos los rincones del mundo.

Visitaron el templo Edipo, Agamenón, Filipo de Macedonia y Alejandro Magno. A este último, la pitonisa le vaticinó: «Hijo mío, nadie te resistirá».

Otra leyenda confluye también en este impresionante templo. Según los griegos está situado en el centro del mundo. La tradición explica que Zeus envió dos águilas, una desde el extremo más occidental del mundo y la otra desde el oriental. El dios del Olimpo pretendía establecer dónde se encontraba el centro de la Tierra. Ambas aves se desplazaron a la misma velocidad y se encontraron en Delfos. Para conmemorar este hecho, en el siglo IV a.C. se colocó en el templo la célebre piedra *Omphalós* (que en griego significa ombligo). De esta forma, Delfos era denominado también el ombligo del mundo.

La teoría: creencias anteriores y un próspero negocio

El hecho de que en Delfos se encuentre esta escultura dedicada al ombligo es una pista mucho más importante de lo que pueda parecer para entender parte de su misterio. En esta misma región se encontraron tres esculturas dedicadas a ombligos y por toda Grecia abundan este tipo de representaciones. No se trata de una casualidad. Parece más que probado por los arqueólogos que las religiones del Egeo, muy anteriores a la de la Grecia Clásica, rendían culto al ombligo. Esto hace suponer que Delfos ya era un lugar santo mucho antes de que, por decirlo de algún modo, se pusiera de moda entre los griegos. Los representantes de religiones primitivas debieron establecer allí sus lugares de culto. Y con el tiempo, los sacerdotes griegos se apropiaron de aquel paraje idílico, rodeado de manantiales y de un paisaje ciertamente impresionante.

Pero Delfos no fue sólo un centro religioso. Varios estudiosos creen que el templo desempeñó un importante papel político. Tengamos en cuenta que los gobernantes de Grecia acudían a Delfos a pedir consejo sobre arriesgadas decisiones políticas que debían tomar. Los consejos siempre eran certeros aunque un tanto conservadores. No deja de ser curioso que el templo atravesara su etapa de mayor esplendor justo cuando Grecia inició su etapa de expansión. Como recompensa, se ofrecían tesoros a Apolo, que se colocaban en pequeños edificios que el caminante encontraba en su ascensión hasta el templo.

A medida que el templo creció, fue necesario crear una administración que se ocupara del buen funcionamiento de la región. Se convocó un consejo llamado *anfictonía* que representaba a todas las tribus de la región. De este modo, las decisiones importantes de la comunidad eran tomadas por aqueos, dorios, jonios y tesalios. El buen hacer de la anfictonía quedó reflejado en una moneda que se acuñó en la región y que tenía un gran valor delante de otras divisas, como por ejemplo el dracma. Para las tareas de reconstrucción del templo, se hacía una subasta pública en la que competían los diferentes constructores de aquella época.

En este marco de prosperidad se recuperó una antigua tradición que conmemoraba el festival de Apolo: los juegos píticos. Se trataba de competiciones tanto deportivas como artísticas (canto, poesía, teatro…). Estas festividades consiguieron rápidamente una gran fama en toda Grecia y su celebración era un canto de sirenas para todos los habitantes de las regiones cercanas. Mucho después de la decadencia de Delfos, se siguieron disputando estos juegos. De hecho, hay constancia de que en tiempos de Nerón seguían llevándose a cabo.

Sin embargo, la época de esplendor de Delfos tenía los días contados. Este santuario funcionaba por su poder unificador y por los consejos que procuraba a los políticos que llegaban a acuerdos con sus rivales. Sin embargo, la rivalidad entre Atenas y Esparta pintó un escenario muy diferente en el que no primaban los buenos consejos sino el poder de las armas. Por ello, Delfos fue poco a poco perdiendo su importancia. Durante los períodos helenístico y romano dejó de ejercer influencia política, pero siguió siendo visitado y gozó de buena reputación.

Incluso después que el emperador Nerón ordenara despojar el templo de sus mayores tesoros para llevarlos a Roma, éste siguió siendo visitado por peregrinos de todo el mundo.

Tras una lenta agonía, su final definitivo llegó con la cristianización de Grecia. El emperador Constantino saqueó el templo y la tensa situación política hizo que los posibles visitantes se concentraran más en supervivir que en adorar a Apolo.

Sin embargo, y pese a todo, este santuario, inscrito en un paisaje de belleza incomparable, sigue, de alguna forma, ejerciendo su antiguo magnetismo sobre los turistas que acuden a él.

EPIDAURO, EL SANTUARIO DE LA MEDICINA

Ubicación geográfica

Al norte de la península de Argólide, a unos 30 kilómetros de Corinto y a unos 50 de la capital, Atenas, se encuentra la

ciudad de Epidauro, una población pequeña pero con un carácter propio que ha conseguido captar la atención de los hombres de todos los tiempos.

La fecha del enigma

El templo se construyó en el siglo IV a.C., lo que demostró la importancia del lugar y del culto que allí se realizaba. Se ha de tener en cuenta que los santuarios de estas características no empezaron a florecer en Grecia hasta el siglo V a.C.

Templo de Ascelapio

Epidauro es un complejo monumental dedicado al dios de la medicina Ascelapio (en el siguiente apartado se explicará más extensamente la función de esta divinidad). El santuario se construyó en piedra caliza a excepción de las columnas dóricas, cuya piedra procede de Corinto. Los frontones tenían unos bajorrelieves que eran obra del escultor Timoteo y la gran estatua del dios que se erigía en el centro del recinto era obra de Trasímedes de Paros.

El templo venía a ser una monumental enfermería, donde el viajero pasaba la noche y, durante el sueño, el dios se le aparecía y le indicaba el mejor tratamiento para su dolencia. Uno de los edificios más enigmáticos del recinto era el llamado *thymele,* un templete circular, rodeado de columnas y con forma de laberinto. Todavía hoy en día se desconoce la utilidad que se le confería, aunque muchos han aventurado teorías al respecto. Algunos estudiosos consideran que se trataba de un lugar en el que se guardaban las serpientes, el símbolo de esta divinidad. Otros, en cambio, opinan que podría ser la tumba de Ascelapio. Quizá pudo utilizarse para llevar a cabo los sacrificios.

Como se puede apreciar tras toda esta explicación, Epidauro está concebido de forma muy diferente a los templos conocidos de la antigua Grecia. Su forma de funcionamiento no tiene nada que ver con la de otros santuarios en honor a otras deidades. El mantenimiento del templo, por ejemplo, era excepcionalmente modesto. Lo llevaban a cabo el sacerdote y cuatro ciudadanos voluntarios.

Justo fuera del templo, se encuentra un monumental teatro, el más famoso y espectacular de los que han llegado hasta nuestros días. Sin embargo, este recinto también alberga misterios que difícilmente serán resueltos. Ningún arqueólogo o historiador tiene la más mínima certeza de los espectáculos que se llevaban a cabo en este teatro. No se ha podido rescatar ni un solo libreto que arroje luz sobre este particular. El impresionante teatro tenía capacidad para unas 14.000 personas y estaba distribuido en una gradería, un foso y un escenario.

Este complejo religioso cayó en desgracia en el tiempo del cristianismo. En cambio, el teatro sufrió un «accidente» que permitió que llegara intacto hasta nuestros días. No se saben las causas específicas, pero quedó enterrado. Tal vez se debiera a un corrimiento de tierra o a que se utilizó durante siglos como vertedero. Fuera lo que fuese, en el siglo XIX un grupo de arqueólogos dio con él y lo desenterró, permitiendo que podamos disfrutar de uno de los teatros más antiguos de la humanidad y de uno de los lugares más misteriosos que quedan en nuestro planeta.

La teoría: la sanación de la serpiente

El culto a Ascelapio, al que está consagrado el templo, es uno de los que más ha intrigado a los estudiosos de la mitología griega. Según la leyenda, Ascelapio era hijo de Apolo y de la mortal Corónide, por lo cual él no era dios sino hombre. Sin embargo, fueron tantas sus hazañas en la Tierra que finalmente fue divinizado.

Parece cierto que existió un hombre llamado Ascelapio que fue un gran investigador médico de su época. Consiguió labrarse una fama como curandero y algunos apuntan que llegó a crear una escuela de medicina. También existen algunas teorías que relacionan a Ascelapio con un conocimiento superior, ya sea adquirido por el contacto con otras civilizaciones más avanzadas (quizás los druidas celtas pertenecieron a una de ellas) o, tal vez, por conocer a seres de otros mundos.

La historia mitológica de Ascelapio está plagada de simbolismos. Fue el dios de los infiernos y su símbolo era la serpiente, que está a medio camino entre la Tierra y el mundo de bajo tierra. De esta forma, se entendía su conocimiento de las plantas medicinales. La serpiente ha llegado hasta nuestros días como el logotipo de la farmacología.

Por otra parte, también se han trazado similitudes entre Ascelapio y Jesucristo. Ambos eran hijos de un dios y una mortal. Los dos tuvieron que morir para ser dioses. A la sazón, ambos poseían poderes para sanar y podían resucitar a difuntos.

Al santuario de Ascelapio se le conferían poderes curativos. Decían que los visitantes podían sanar de sus enfermedades tras pernoctar una noche en el recinto. Todo ello podría estar también relacionado con la ubicación energética del santuario.

Otras teorías apuntan que tal vez esta sanación era en realidad una metáfora del conocimiento. La serpiente también ha sido relacionada desde siempre con el saber, y algunos apuntan que tal vez en el templo de este dios se guardaban secretos que podían hacer trascender al peregrino a un nuevo estadio de conocimiento. Sin embargo, los defensores de esta teoría no tienen pruebas. Si éstas existen, seguramente nunca se encontrarán, pues se perdieron en la noche de los tiempos.

MISTRA, LA CIUDAD DEL SABER

Ubicación geográfica

La ciudad de Mistra se halla en la península griega, sobre el macizo del Taigeto, a unos 6 kilómetros al noroeste de

Esparta. Se trata de un lugar bastante escarpado y mal comunicado.

La fecha del enigma

A partir del año 1204 d.C., las tropas de la cuarta cruzada llegaron a Constantinopla y de ahí decidieron extender los territorios conquistados y anexionarse Mistra. Fue en ese momento cuando empezó el resurgimiento de esta mítica ciudad.

Mistra, una ciudad en medio del monte

El primer interrogante que surge cuando se habla de Mistra es entender por qué se construyó una ciudad en un lugar tan agreste y mal comunicado. Está en una escarpada colina, no tiene recursos naturales como el agua (sus habitantes debían aprovechar la de la lluvia) y su construcción debió resultar verdaderamente muy complicada para los pobres artesanos de la época. Es cierto que su posición es privilegiada desde el punto

71

de vista bélico, ya que resulta verdaderamente difícil acceder a ella para conquistarla. Pero ¿quién tendría necesidad de hacerlo? No se trata de un enclave estratégico y, como ya se ha explicado, sus riquezas naturales son más bien escasas. Sin embargo, durante el tiempo de las cruzadas se libraron múltiples batallas para hacerse con su control. Bizantinos y franceses se enfrentaron por su control y finalmente, tras muchas reyertas, los primeros consiguieron el dominio de la plaza. Todo ello ha hecho que la ciudad conserve las diferentes aportaciones de todos los que pasaron por ella.

El castillo, por ejemplo, era una construcción francesa, mientras que los ortodoxos llenaron la ciudad de iglesias. Y la cantidad nunca fue en detrimento de la calidad. Se trata de cuidadas edificaciones con preciosos frescos en las paredes. La mayoría de estas obras de arte de la arquitectura eclesiástica se deben al sacerdote Pacomio, que consiguió atraer a los mejores arquitectos y pinturas a la remota Mistra. La iglesia más importante es la de Hodenghetria, que por su lujo y exquisitez recuerda a las principales construcciones de Constantinopla.

La teoría: la reserva espiritual de Constantinopla

Durante dos siglos, Mistra vivió una época de esplendor. En un principio, se concibió como una plaza fortificada, pero rápidamente cambió su carácter bélico. Mistra fue concebida como una ciudad intelectual y religiosa. Los mandatarios de Constantinopla solían pedir consejos a los nobles de Mistra y los artistas de la capital le dedicaban a esta ciudad sus más bellas obras.

Mistra era, en cierta forma, lo que ahora entenderíamos como una ciudad universitaria. Poco se sabe de sus bibliotecas, aunque algunos aseguran que guardaban secretos fabulosos que fueron perdiéndose con las posteriores invasiones. Fuera como fuese, lo cierto es que esta población tuvo una vida intelectual muy activa durante el período descrito.

Los bizantinos se consideraban los herederos del imperio griego y romano, por lo que en este lugar, y mientras en el resto de Europa se vivían las invasiones bárbaras, se estudiaba la filosofía de Sócrates, Platón y Aristóteles. A los habitantes de Mistra se les debe buena parte de las recopilaciones más importantes de las obras de estos autores y también los análisis más profundos de los mismos. Desde allí, volvieron, en muchos casos, a exportarse al resto de Occidente.

Por otra parte, también era un lugar idóneo para el culto ortodoxo. Pero no se trataba tan sólo de un ideal religioso, sino de una forma de vida, decorada siempre con la sensibilidad artística de pintores y arquitectos que dejaron su impronta en la ciudad.

En cierta forma, en Mistra se guardaban las esencias de Constantinopla. Mientras en la capital del imperio el bullicio, la política y las estrategias bélicas marcaban el ritmo de la vida, en Mistra, los valores filosóficos y las poderosas ideas de los intelectuales eran el carburante de Bizancio.

Mistra consiguió heredar las tradiciones griega y romana, influir sobre Constantinopla y, a pesar de todo, conservarse como un retiro espiritual. Sin embargo, finalmente se derrumbó con el imperio bizantino. En 1460, los turcos conquistaron Grecia y la ciudad cayó en declive.

Sin embargo, todos los que visitaron Mistra y accedieron a sus fuentes de sabiduría, pudieron propagar sus enseñanzas por el mundo.

Capítulo II
ORIENTE MEDIO

La expresión Oriente Medio engloba países y culturas diferentes que se han dado cita en un lugar geográfico concreto. Para entender la realidad de esta zona, deberemos repasar los países que la conforman: Arabia Saudí, Bahrein, Egipto, Emiratos Árabes Unidos, Irán, Iraq, Israel, Jordania, Kuwait, Líbano, Omán, Qatar, Siria, Turquía y Yemen.

Desgraciadamente, los informativos y las noticias han hecho célebre esta región por tristes causas. Los enfrentamientos entre palestinos y judíos han dividido esta área en una guerra sempiterna que no parece tener fin.

Sin embargo, este bombardeo informativo ha eclipsado el antiguo esplendor de la zona. Aquí nacieron el islam, el judaísmo y el cristianismo. En Oriente Medio se levantaron las primeras civilizaciones y se almacenó una cultura milenaria.

Es ésta la historia que vamos a explicar. Por un día nos evadiremos de las pesimistas noticias y viajaremos al pasado para descubrir los secretos de las culturas que cambiaron la concepción del mundo.

TURQUÍA

Este país, a caballo entre Europa y Asia, esconde una historia inagotable. Densamente poblada (780.580 km^2 para

66.493.970 habitantes), Turquía combina sabiamente pasado y futuro, tradición e innovación.

Esta región consiguió ser una potencia mundial durante el Imperio otomano. Los años de desgaste y la Primera Guerra Mundial acabaron con los sueños de grandeza. A partir de esa época, Turquía fue apodada «el gigante herido».

Pero el país, despojado de sus conquistas, siguió adelante. En este sentido, cabe destacar la actuación de Mustafá Kemal Ataturk, el fundador de la República Turca. El proyecto de Ataturk era crear un Estado moderno sobre las ruinas del Imperio otomano. Para ello, tuvo que vencer a las potencias europeas que se disputaban la zona y combatir a los sultanes que no querían ni siquiera oír hablar de cambios. Su lucha fue ardua, pero contó con el apoyo del pueblo y finalmente recogió sus frutos. La guerra de la Independencia acabó en 1922 con la victoria turca contra los ejércitos europeos. El sultanato fue abolido y la República Turca se estableció en 29 de octubre de 1923. Ataturk fue el primer presidente que ejerció el cargo hasta su muerte, el 10 de noviembre de 1938, en el Palacio de Dolmabahce.

Es necesario comprender algunas de las principales reformas que instauró en su país: cambió el alfabeto árabe por el latino, fundó un Estado laico en el que la religión y el Estado estaban separados, introdujo un código civil inspirado en el que tenían los suizos, proclamó la monogamia, reemplazó el calendario árabe por el gregoriano, abolió la vestimenta de las mujeres y les dio derechos civiles.

Todo ello fue una auténtica revolución que puso a Turquía a la cabeza de los países progresistas de la zona. Sin embargo, el caballero de la rosa —que es el sobrenombre que recibía el mandatario— tampoco renegó de la tradición. De hecho, encargó la restauración de algunos yacimientos milenarios llenos de historia que había en su país.

Seguramente, gracias a esa política renovadora pero respetuosa con el pasado, podemos admirar y conocer los misterios que se esconden en algunos de los lugares más bellos de Turquía.

CATAL HOYUK

Ubicación geográfica

Se encuentra ubicado en la zona central de Anatolia, en la zona de la llanura de Konya. Se trata de una región que no precisa de regadíos, puesto que la lluvia provee a los campos de toda el agua que necesitan para el buen funcionamiento de la agricultura.

La fecha del enigma

Aproximadamente data del 7200 a.C. Ésta fue la época en la que floreció este poblado neolítico.

El poblado neolítico mayor del mundo

El descubrimiento de Catal Hoyuk planteó más preguntas que respuestas. ¿Se trataba de la ciudad más grande del mundo? ¿Cómo llego a desarrollarse tan lejos de otros centros urbanos conocidos? ¿Por qué sus habitantes construyeron esas extrañas viviendas sin puertas? ¿Quiénes eran sus pobladores y cómo vivían?

Catal Hoyuk ha sido descrito como «un resplandor prematuro de brillo y complejidad». A mediados del séptimo milenio a.C., Catal Hoyuk era un gran asentamiento que se extendía a lo largo de unas trece hectáreas de la meseta de Konya, y en su momento culminante alojaba a más de siete mil personas.

En Catal Hoyuk las casas eran de adobe, con vigas, verticales en las esquinas y horizontales bajo la techumbre. En ese sentido las construcciones no eran muy distintas de las de otras ciudades antiguas. Pero lo que es diferente son los edificios, que estaban pegados unos a otros, sin calles entre medio y con muy pocos espacios abiertos. La mayoría de las viviendas eran de ladrillos.

Los habitantes de Catal Hoyuk utilizaban un sistema de medidas basado en las dimensiones de la mano (unos 8 centímetros) y del pie (unos 32 centímetros). Los ladrillos tienen precisamente 1 × 2 × 4 manos. Los pobladores pasaban de una casa a otra por las azoteas entrando en la casa por arriba; así se impedía el acceso a enemigos y fieras. Se utilizaban escaleras para conectar los diferentes niveles. Si un atacante lograba introducirse en una de las viviendas de la zona exterior de la ciudad, lo único que tenían que hacer sus habitantes era salir por la azotea y llevarse la escalera, de modo que dejaban al intruso perdido por aquellos muros sin poder avanzar. Visto así, era un sistema muy eficaz.

El arqueólogo James Mellaart, que fue el primero en excavar Catal Hoyuk, cree que sus habitantes celebraban «enterramientos celestes». Colocaban al muerto sobre una plataforma para que no pudieran tocarlo animales como los perros, pero lo dejaban al alcance de las aves.

Catal Huyuk ha servido para que los arqueólogos y los historiadores conozcan muchas cosas del modo de vida neolítico de esta región. Sabemos que los elementos decorativos eran mínimos y que la cerámica no estaba demasiado desarrollada en ese momento, aunque es cierto que se han encontrado algunos utensilios elaborados en cerámica monocroma de color negruzco. En cambio, sí han llegado otro tipo de recipientes de madera como platos, e incluso algo parecido a unos cubiertos.

También sabemos que los pobladores de esta zona sabían trabajar de forma muy rudimentaria el cobre, sobre todo para fabricar puntas de flecha, de lanza y cuchillos.

Sin embargo, lo que más ha llamado la atención de los estudiosos son los santuarios. Al menos, así los calificó J. Mellaart, aunque tampoco se sabe con toda seguridad si cumplían esta función. De hecho, se trata de unas casas muy parecidas a las viviendas de las que antes hemos hablado. Poseen la misma estructura, pero presentan un punto de diferencia que ha hecho imaginar que se trataba de templos. Esa diferencia consiste en una cantidad de pinturas murales y de relieves. Teniendo en cuenta que en las viviendas habituales no existe apenas decoración, todo parece indicar que estos lugares estarían reservados al culto.

La temática de estos cuadros suele ser siempre muy semejante: mujeres con toros. Se interpreta que las mujeres son diosas y aparecen con los brazos y las piernas abiertas, dando a luz a los toros.

Por otra parte, se han encontrado otras representaciones pictóricas en las que se relaciona a la mujer con la pantera, ya sea juntando las dos imágenes o creando un híbrido que es la mujer pantera.

Todas estas representaciones, ya sean pintadas o en bajorrelieve, suelen alcanzar una medida monumental, lo que ha hecho que los arqueólogos e historiadores crean que se trataba de objetos de culto.

También resultan destacables los relieves de arcilla, a modo de esculturas primitivas. Entre ellas destacan pechos femeninos, en cuyo interior se hallan depositadas mandíbulas de carnívoros. Asimismo, siguiendo con la escultura en arcilla, también se encuentran monumentales cabezas de toro y astas. En menor medida, también se hallan esculturas y bajorrelieves de ciervos y ornamentación floral.

De todos estos yacimientos se desprende que el poblado de Catal Huyuk poseía una compleja estructura socioeconómica, lo que no deja de ser sorprendente para aquella época. Por ejemplo, hay signos claros de una estratificación social. Donde más se notan estas diferencias es en las sepulturas. El ajuar con el que despedían a los fallecidos cambiaba sustancialmente si se trataba de un hombre o de una mujer y dependiendo de la posición social que ocupara. En la construcción de las viviendas también se intuye esta estratificación.

A la sazón, se sabe que esta población había iniciado unas redes comerciales a pequeña escala con sus vecinos.

La teoría: unidad religiosa

Las excavaciones orientales de épocas remotas, como el Neolítico, nunca han llegado a ser tan populares como las de otras civilizaciones que han atraído la atención del gran público (Egipto, Grecia, Roma...). Todo ello ha llevado al erróneo pensamiento de que durante el Neolítico y en etapas posteriores estos poblados vivían de forma primitiva con un grado muy bajo de «civilización».

Catal Huyuk es una buena muestra de que esto no fue así. Aparte de revelar que en esta época los habitantes de la región estaban mucho más avanzados de lo que creíamos, este yacimiento arqueológico arroja una interesante hipótesis: es probable que los pueblos orientales tuvieran un alto grado de unidad.

Este punto está, principalmente, apoyado en la unidad de culto. Resulta sorprendente que en tantos lugares del mundo en la misma época se desarrollase una adoración al toro como animal mítico y divino. A nivel práctico, el toro era un animal del que podía depender la supervivencia de hombre primitivo. Esta necesidad seguramente era común a un buen número de sociedades arcaicas. Sin embargo, lo que verdaderamente resulta sorprendente es que todas estas comunidades, en un principio aisladas, le confirieran al animal la misma carga simbólica. El toro, en las diferentes representaciones, es sinónimo de virilidad y de fertilidad.

Los objetos sagrados de la antigüedad tienen una función claramente «cósmica». Por ejemplo, el sol, el agua, la lluvia... En cambio, el toro tiene un culto que no deja de ser paradójico. Por una parte, sigue siendo el animal sin misterios y, por otra, se convierte en una divinidad a la que se le atribuyen poderes mágicos.

Lo que no deja de ser paradójico es que todas las culturas hayan llegado a la misma conclusión. Repasemos rápidamente las representaciones de este animal a lo largo de la historia para comprender la magnitud de este enigma.

Ya hay constancia de su imagen en las pinturas rupestres de las Cuevas de Altamira en España y en las de Lascaux, en Francia. En Cerdeña, en una tumba, se hallaron esculturas que representan cabezas de toros con cuernos en forma de cuarto creciente, además de gran cantidad de bucranios en la necrópolis de Anghelo Ruju. En España también hay rastros de un posible culto al toro, representado por tumbas decoradas con cuernos. En las tierras de Mesopotamia, en Tell Arpachija y en otros sitios, se han encontrado con mucha frecuencia cabezas de toro en cerámica pintada y estatuillas en piedra, hueso y terracota. Los sumerios adoraron a un toro representado con cabeza humana, símbolo de fecundidad. El dios lunar babilonio Sin era llamado el poderoso becerro de Enlil y el asirio Bel era calificado como «Toro Divino». El pueblo hitita adoró a un dios toro, del cual no se sabe el nombre pero sí que dominaba el cielo y el huracán. En la India, en la antigua estación de Mohenjo Daro se encontraron esculturas de toros. En la época prevédica se realizaban juegos de toros en las ceremonias religiosas. Indra, dios del trueno y la humedad, el dios védico más popular, era comparado con un toro, y Siva, otro de los dioses hindúes importantes, usaba como vehículo para transportarse al toro Nandi. Asimismo en la cultura minoica el culto al toro desempeñó un papel importante, representando probablemente el poder autofecundante de su dios. El toro cretense es ampliamente conocido por los estucos del Palacio de Knossos y en otras leyendas. China también nos ofrece representaciones del animal, ya que es frecuente encontrar cuernos estilizados al lado de símbolos femeninos como rombos, en las culturas prehistóricas de Kansu y Yang-chao. Los persas adoraron al dios Verethragna, símbolo viril, que se representaba como toro, carnero o jabalí. En Susa y Persépolis se hallan hermosos capiteles en forma de toro. En Arabia del sur el dios más importante fue Almakah, dios luna que se representó como toro o como cabra montesa. En Palestina, los patriarcas hebreos adoraban al dios El, un toro, proscrito más tarde por Moisés. Finalmente, algunos dioses griegos están representados por toros, como Poseidón, dios de los océanos y de las tempestades, o como Zeus, que incluso tomó esa forma para seducir a Europa.

Todo ello insinúa una sorprendente unidad de culto en esta época. ¿Cómo pudieron pueblos tan diferentes, y en ocasiones tan alejados, trasmitirse los unos a los otros sus objetos de culto?

Si no fue obra de la casualidad, esta unidad religiosa demostraría que entre los pueblos de la antigüedad había un grado de comunicación alto y que, por tanto, los medios de transporte y comunicación estaban seguramente mucho más evolucionados de lo que hasta ahora pensábamos.

En este punto, Catal Hayuk presenta otra singular prueba. En uno de los murales se puede observar un mapa de una ciudad que está siendo arrasada por la lava. Se trata de una región que nada tiene que ver con Catal Hayuk, puesto que tiene un complejo trazado de calles que esta región nunca presentó. Además, en el mapa se representan algunas regiones lejanas, por lo que se demuestra el interés de conocer qué más había fuera de las fronteras que cada población.

Por tanto, el enigma que esconde Catal Hayuk es la clave para conocer cómo, cuándo y por qué los hombres primitivos consiguieron viajar a distantes rincones del mundo. Los especialistas en la materia no han encontrado respuesta, pero la pregunta no deja de ser sorprendente y un análisis profundo de los vestigios de esta población turca tal vez dibujará un panorama muy diferente del Neolítico.

TROYA

Ubicación geográfica

Se encuentra en Hisarlik, cerca de la costa noroeste de Turquía, al norte de Izmir (Esmirna).

La fecha del enigma

Entre los años 2500 y 1400 a.C. este enclave atravesó su momento más dulce. Como se verá más adelante, la ciudad fue destruida en varias ocasiones, pero sus voluntariosos habitantes volvieron a levantarla.

La historia de Helena y Paris

Existen lugares fascinantes donde ciertas leyendas de la antigüedad brillaron con una luz tan potente que a lo largo de los siglos han permanecido inalteradas. Una de ellas es el saqueo de Troya.

Paris, hijo de Príamo, el rey de Troya, recibió un dudoso honor: debía ser el juez en un concurso de belleza entre Hera, Atenea y Afrodita. El encargo no podía ser más comprometido: la ira de las perdedoras estaba garantizada. Como también lo estaban los sobornos que las tres concursantes le ofrecerían al mortal. Las tres «mordidas» resultaban tentadoras: el dominio de Asia, la sabiduría o el amor de Helena de

Espera, esposa del rey Menelao. Helena era considerada la mujer más bella del mundo y Paris no pudo resistirse a ese presente.

Tuvo que secuestrarla y llevarla hasta Troya. Allí, cuenta la leyenda que se enamoraron. Sin embargo, los espartanos no estaban dispuestos a olvidar la afrenta. Un país enemigo había secuestrado a su reina y prepararon una expedición para rescatarla.

Ello desencadenó la famosa guerra de Troya. En principio, la victoria fue para los troyanos, pero después los griegos prepararon un envenenado presente para rendir pleitesía al ejército triunfante: un caballo gigantesco de madera. En su interior se escondieron los soldados que, una vez dentro de la ciudad, redujeron rápidamente al ejército troyano que se hallaba ebrio celebrando la victoria.

La guerra duró unos 10 años y estuvo llena de aventuras épicas que quedaron reflejadas en la *Ilíada* de Homero. La vuelta de los griegos a casa dio lugar a la *Odisea.*

Sin embargo, nunca se ha podido dilucidar hasta qué punto el texto de Homero es cierto y hasta qué punto es simplemente una obra literaria dedicada al puro entretenimiento.

Varios historiadores de la época griega se hicieron eco de la batalla de Troya, pero sus textos son muy posteriores a la reyerta, por lo que tampoco se pueden interpretar como una crónica de lo sucedido sino como una reconstrucción posterior de la tradición popular.

Todo ello hace que nos encontremos ante un dilema: ¿existió verdaderamente la ciudad de Troya? ¿Qué ocurrió allí? ¿Por qué incluso hoy en día esta historia brilla por encima de otras?

La teoría: la explicación histórica

Como se verá más adelante, todo parece indicar que Troya existió y que sus tesoros fueron encontrados siglos más tarde. En cuanto a los hechos históricos que se narran, hay diferentes opiniones. Es más que posible que hubiera una guerra en Troya; sin embargo, seguramente, las causas fueron menos míticas que las que refleja la *Ilíada*. En este texto se habla de diferentes secuestros de mujeres, como el famoso rapto de las Sabinas.

Algunos historiadores han llegado a la conclusión de que aquélla era una táctica habitual. No se trataba tan sólo de que las mujeres formaran parte del botín de guerra. En los pueblos situados al oriente, escaseaban las féminas y era práctica habitual entrar en otros poblados y secuestrarlas. Tras varios raptos de este tipo y enfrentamientos provocados por otras razones, estalló la guerra entre ambos pueblos.

Ésta es la explicación histórica más en boga actualmente. Sin embargo, los misterios de la ciudad de Troya seguían llamando la atención de los arqueólogos. La misión no era fácil: debían encontrar una ciudad milenaria que a la sazón fue destruida. En 1791, el aventurero francés Lechevalier localizó Troya en Burnarbachi. La prueba no podía ser más endeble: esta población, tal y como describía Homero, se hallaba entre dos manantiales. Hay que tener en cuenta que muchos asentamientos se encuentran enmarcados entre dos fuentes naturales, y ello no significa que sean Troya. Sin embargo, muchos creyeron al viajero galo durante siglos.

En 1873, un hombre se marcó la misión de encontrar la auténtica Troya. Se trataba del alemán Heinrich Schliemann que se dirigió en primera instancia a la población descrita por Lechevalier. Al no encontrar ninguna prueba que atestiguara la existencia de la ciudad, volvió su vista hacia el montículo de Hisarlik. Sus pobladores aseguraban que aquélla era la antigua Troya, y el alemán pronto descubrió que mentían a medias. Allí no estaba Troya, pero a las afueras de la ciudad encontró unos vestigios que sí podían corresponder a los de la mítica urbe.

Verdaderamente, el descubrimiento era un poco decepcionante. La ciudad que tantas pasiones y ríos de tinta había derramado tan sólo medía 137 metros por 183. Había espacio para unas cuantas docenas de viviendas, aunque es posible que tras la fortificación pudieran alojarse hasta mil personas. Hubo quien quiso creer que aquel reducido espacio hubiera albergado la literaria y magnificada Troya. Sin embargo, los estudiosos piensan que las ciudades de aquella época tenían esas dimensiones.

Heinrich Schliemann empezó la prospección de la zona con más buena voluntad que pericia. Al no ser arqueólogo cometió múltiples errores, no llevó un cálculo de los objetos encontrados y a su paso destruyó otros vestigios que posteriores arqueólogos no han podido reconstruir.

El momento de máximo apogeo para Schliemann fue cuando dio con un gran botín que inmediatamente bautizó como el tesoro de Príamo. Para evitar que los trabajadores saquearan las riquezas históricas, lo escondió junto a su mujer y lo llevó a Berlín. Antes de entregarlo a su gobierno, se permitió hacerle una foto a su esposa, una bella griega llamada Sophie, ataviada con las joyas que debió de llevar Helena. Hay muchas teorías sobre este punto. Algunos creen que el tesoro no era tal, sino que se formó a partir de recopilar diferentes objetos que se fueron encontrando por toda la excavación y que seguramente pertenecían a épocas diferentes. El explorador alemán no hizo inventario de lo encontrado. En 1945, con la caída de Berlín, el tesoro desapareció.

Posteriormente, varios grupos de arqueólogos estudiaron la zona. Las diferentes capas de estratos demostraron que como mínimo la ciudad había sido reconstruida en nueve ocasiones. Se hallaron vestigios de casi todas ellas (aunque algunos fueron destruidos por la torpeza de Heinrich Schliemann). También se pudo saber que la ciudad fue abandonada definitivamente en el 350 d.C.

SANTA SOFÍA, IGLESIA Y MEZQUITA

Ubicación geográfica

Santa Sofía está situada delante de la Mezquita azul en el distrito de Sultan Ahmet en Estambul.

La fecha del enigma

La iglesia, con la actual estructura, fue consagrada en el 537. Sin embargo, tenía una historia anterior y tuvo reformas posteriores, con la entrada de los otomanos, que acabaron convirtiéndola en una mezquita.

El sueño de un rey

El rey Justiniano de Bizancio es el máximo responsable de la construcción de la iglesia de Santa Sofía. De hecho, esta iglesia se edificó sobre una anterior, que llevaba el mismo nombre y que había sido construida por Constantino en el año 360. Una revuelta contra el rey Justiniano se saldó con el saqueo de la iglesia y el monarca, para reconstruirla, decidió volcar todos los esfuerzos. De hecho, hay varias teorías conspiratorias al respecto. La obra se construyó entre el 532 y el 537 y esa rapidez tal vez podía deberse a que los planes de construcción fueron previos al saqueo de la iglesia originaria. Algunos historiadores consideran que Justiniano azuzó la revuelta o incluso colocó agitadores que destruyeron la antigua edificación para que él pudiera erigir su obra magna.

El propio monarca intervino en la planificación, pero el prodigio se debe a dos grandes matemáticos y constructores: Antemio de Tralles e Isidoro de Mileto. Ambos diseñaron un edificio que no tenía precedentes. Utilizaron una planta cuadrada (casi todas las iglesias son de planta rectangular) y levantaron una cúpula de dimensiones faraónicas que apenas cuenta con muros ni apoyos. Cuatro arcos macizos soportaban la mayor parte del peso de la cúpula, a la vez que sostenían la planta cuadrada que se hallaba por debajo de la cúpula. La edificación era impresionante. Sobria y elegante a la vez que un auténtico prodigio técnico. Justiniano no quiso cargar el contorno del edificio de motivos decorativos. De hecho, todas las joyas de ornamentación se reservaron para el interior. De esta forma también se daba un mensaje a los fieles: la verdadera belleza debía de ser siempre interior.

No se trataba tan sólo de una iglesia preciosa; Justiniano quería que aquel edificio desempeñara una función mucho más importante: que aglutinara la fe de su pueblo. No consiguió, como pretendía, limar las asperezas entre los dos grades grupos religiosos, los nonifistas y los ortodoxos, pero sí logró que fuera un punto de referencia para los fieles de todo Bizancio.

Cuando el imperio bizantino tocó a su fin, cayó en manos de los otomanos. Menhet el Conquistador tomó Constantinopla con su ejército de jenízaros y no fue capaz de destruir aquel símbolo. Quedó fascinado por su belleza y decidió reconvertirlo en una mezquita.

Los musulmanes taparon algunos de los frescos que representaban figuras humanas, puesto que su culto lo prohíbe, y decoraron el recinto con sus objetos de culto. Desde 1453 hasta 1934, Aya Sofía fue una mezquita. Kemal Ataturk ordenó una total reconstrucción, que rescató algunos de los grabados cristianos, y la inauguró como museo en 1935.

La teoría: la masonería

La estructura de Aya o Santa Sofía —como se prefiera— sigue impresionando a los actuales arquitectos. Nadie sabe muy bien cómo en una época tan lejana fue posible construir con tal celeridad un monumento de estas características.

Todo ello ha hecho pensar que tal vez la mano de la masonería es la artífice de este prodigio. Varias pruebas hacen que esta teoría resulte válida. Por una parte, muchos estudiosos han demostrado que Santa Sofía pretendía ser una especie de Templo de Salomón, tanto por su arquitectura como por su función aglutinadora de la fe. Muchos estudiosos creen que la masonería empezó con la construcción de este templo, aunque otros aseguran que fue anterior. Fuera como fuese, todos parecen coincidir en que la iglesia albergaba secretos que bien podrían estar relacionados con la masonería.

Pero esto sería un detalle casi anecdótico si no conociéramos en profundidad la figura del rey Justiniano. Todos sus antepasados habían estado vinculados de un modo u otro a la masonería, y él no fue una excepción. Algunos documentos muestran que en el 526 el rey firmó una serie de edictos que protegían estas logias secretas. Su interés por el tema era conocido en palacio.

Todo ello parece demostrar que los contactos del monarca con la masonería fueron los que permitieron elevar un prodigio en tan poco tiempo y revolucionar la arquitectura de Bizancio.

JORDANIA

Este Estado fue creado después de la Primera Guerra Mundial en unos territorios que en otro tiempo pertenecieron a Turquía. En un principio recibió el nombre Transjordán o Transjordania, porque comprendía las llanuras que se extienden al este del valle del Jordán y del Mar Muerto, entre la Palestina y el Irak o Mesopotamia.

Transjordania fue sometida por la Sociedad de Naciones al mandato de Inglaterra, pero en 1946 fue proclamada y reconocida como Estado soberano independiente y el emir Abdullah pasó a ser rey del nuevo país. En 1950 incorporó a su territorio la parte árabe de Palestina que en 1948 también había sido proclamada independiente con el nombre de «Estado de Israel», con el que sostuvo reñidos combates hasta que por mediación de las Naciones Unidas se resolvió la partición de Palestina entre los dos Estados. Cambió entonces su nombre por el de Jordania. En la actualidad este país, rico en petróleo, ocupa 92.300 km^2 y tiene 5.153.378 habitantes.

PETRA

Ubicación geográfica

Petra se encuentra en uno de los bordes de la fosa del Rift, hundimiento que cruza de sur a norte el territorio africano y que se prolonga por el Mar Rojo, Mar Muerto y Valle del Jordán. Está en el sur de Jordania, unos 250 kilómetros por debajo de Amman y a 96 de Akaba. Acceder a este enclave resulta toda una aventura. Es necesario caminar a pie por un estrecho desfiladero durante 1,5 km.

La fecha del enigma

El misterio de Petra empieza con el primer asentamiento, hacia el 300 a.C., y se alargó hasta el siglo IV d.C. En 1812 la ciudad fue redescubierta.

La ciudad de piedra

Petra, la asombrosa ciudad escarpada en piedra, resulta un espectáculo tan bello como misterioso. Para abordar los enigmas de Petra es necesario conocer este entorno lleno de maravillas.

Lo primero que halla el viajero son los Djin Blocks, monumentos de forma cuadrada. Todavía hoy en día resulta un misterio la función que desempeñaban estas construcciones. Tanto podrían ser tumbas como lugares de culto.

Muy cerca aparecen las célebres edificaciones monumentales. La primera es una tumba coronada por cuatro obeliscos. Debajo de los éstos se observan tres habitaciones que parece que estuvieron destinadas a la organización de banquetes funerarios. La influencia de la arquitectura egipcia es evidente.

Poco más adelante se inicia el Siq, que es un estrecho desfiladero de cuatro a seis metros de anchura, 40 a 170 metros de alto y 1,2 kilómetros de longitud. El desfiladero fue concebido como una vía de purificación espiritual, rodeado del silencio de la naturaleza.

El lento avance por el Siq acaba cuando por la estrecha apertura del desfiladero aparece El Tesoro. El Tesoro o Jazna es el edificio más emblemático de la ciudad, con un suave color rosado y un estilo clasicista.

El conjunto está integrado por una fachada de dos niveles, la de abajo sostenida por seis columnas y coronada por sendos obeliscos no finalizados. El interior es una sala funeraria cuadrada sin decoración actual alguna. A partir de aquí, el Siq varía en dirección noroeste, pasando ante otra sala sagrada, frente al Tesoro, donde debieron realizarse en el pasado ritos funerarios.

Pero este edificio, por muy espectacular que parezca, no es más que el inicio al misterioso viaje por la perdida Petra. El itinerario continúa por la calle de las Fachadas. Se trata de un denso conjunto de tumbas construidas por los nabateos inspiradas en el arte asirio. Se puede acceder fácilmente a ellas y hay al menos una cuarentena, muy parecidas entre sí.

Inmediatamente después se encuentra el teatro. Los nabateos lo construyeron en el siglo I a.C. para un aforo de unos 4.000 espectadores. Los romanos, tras la conquista de la ciudad, ampliaron la capacidad hasta 7.000 personas. Pero un terremoto lo dañó seriamente en torno al 363 d.C.

El desfiladero deja de serlo a la altura del teatro y en la montaña de la parte opuesta aparecen las Tumbas Reales. La más famosa y espectacular es la llamada Tumba de la Urna, donde se guardaron los restos del rey nabateo Maluchos II, con una gran terraza abierta y columnatas en torno a ella y un interior de paredes rectilíneas y gran capacidad (18 por 20 metros).

Otras tumbas que cabe destacar son: La Seda, interesante por sus coloraciones; La Corintia, muy deteriorada, pero de una estructura similar a la del tesoro, y la monumental tumba del Palacio, que posee una inmensa fachada.

Siguiendo la dirección de la rambla y paralela a ésta, aparece la vía romana pavimentada, el decumanus, construida en el 106 al modo romano y centro de la nueva ciudad.

En esta parte se pueden observar restos de numerosos monumentos: el ninfeo, los mercados, el Palacio Real, los baños nabateos y las puerta del Témenos (la ciudad sagrada). Cerca de allí se puede disfrutar de otro templo nabateo de considerables dimensiones, que se ha mantenido erguido hasta nuestros días. Los beduinos lo llaman Templo de la Hija del Faraón y está en proceso de restauración. Probablemente se trata de un gran lugar de culto, en honor del dios Dushara. Tienen sus muros 23 metros de altura y es la única edificación nabatea no excavada en la piedra.

En la zona norte del decumanus abundan las ruinas. Entre ellas las de sendas iglesias bizantinas; el templo de los leones alados, dedicado a la diosa de la fertilidad, Atargatis, compañera de Dushara; los recintos amurallados y el Monasterio, muy parecido al Tesoro, aunque mayor. Es un magnífico edificio del siglo III a.C. y fue utilizado de iglesia en época bizantina, como atestiguan las cruces talladas en los muros.

La teoría: una ciudad comercial

Las imponentes ruinas y el lugar apartado en el que se encuentran hizo suponer, a los primeros visitantes, que se hallaban en un templo que en otros tiempos había servido para huir del mundanal ruido. Nada más alejado de la realidad. Petra era una ciudad bulliciosa y comercial, que alcanzó, en sus mejores tiempos, una población de 20.000 personas. Ahora, la localización parece apartada, pero durante su época de esplendor estaba en mitad de una ruta comercial muy transitada. El desierto exigía una parada para repostar y esta ciudad se enriqueció como parada y fonda. Además, sus pobladores crearon un sistema de regadíos y cañerías para tener siempre agua disponible. Con el tiempo, llegaron a cobrar un impuesto por las mercancías que pasaban, y consiguieron que la ciudad se enriqueciera considerablemente.

Las excavaciones todavía siguen descubriendo secretos, pero hasta el momento tenemos una radiografía aproximada de la historia de esta ciudad.

El trabajo más duro lo llevaron a cabo los edomitas, una antigua tribu que perforó la piedra para construir su pueblo. Los edomitas estaban cansados de las invasiones de los pueblos vecinos que solían ser bastante sangrientas. Por ello, es probable que cedieran el poder de la ciudad sin mucha resistencia a los nabateos, que no eran especialmente belicosos. Los nabateos procedían del noroeste de Arabia y desde el siglo v a.C. hasta el i d.C. se expandieron hasta llegar a Damasco. Fueron los nabateos los que le dieron su época de esplendor a Petra. El enclave era perfecto, puesto que estaba en mitad de todas las rutas comerciales que pasaban por el Mediterráneo, Egipto, Damasco y Arabia. Al principio, esta tribu era nómada y se dedicaba a asaltar a los comerciantes, llevándose justo lo necesario, para que no variaran la ruta en un futuro. Con el tiempo, al asentarse en esta ciudad, empezaron a cobrar un impuesto por cada mercancía que transportaban. Por último, desarrollaron una próspera empresa de servicios, que ofrecía desde guías para el último tramo de desierto hasta todo lo que el viajero pudiera desear.

En este período de estabilidad, hubo algunos intentos de invasión que fueron sofocados sin que llegaran a trascender. El Imperio romano se anexionó este territorio en el 106 d.C., sin aparente resistencia por parte de los nabateos. Bajo la Pax romana, la región acabó de estabilizarse y el comercio se incrementó en Petra. Los romanos dejaron su impronta en algunos edificios, como el teatro romano del que antes se ha hablado.

Cuando el Imperio entró en decadencia, Petra pasó a formar parte del Imperio cristiano de Bizancio. Sus edificios religiosos fueron utilizados como iglesias e incluso se estableció una sede del obispado. La invasión musulmana del VII acabó por hundir la ciudad. La zona era demasiado peligrosa y los viajeros dejaron de acudir a ella. Tan sólo hubo un período que rompió con esta dinámica y se produjo cuando los cruzados llegaron a la ciudad. Construyeron un pequeño castillo, pero acabaron yéndose y la urbe se despobló inexorablemente. Desde entonces, tan sólo fue visitada por los beduinos del desierto, que se dedicaban a hacer puntería con la hornacina del tesoro, esperando, tal vez, que éste se desparramara.

En 1812, un joven explorador anglo-suizo llamado Johann Ludwig Burckhardt se propuso descubrir la ciudad. Viajó de Damasco a El Cairo y se disfrazó de comerciante musulmán. Como hablaba árabe perfectamente, pasó desapercibido. Les dijo a los habitantes de la región que le había prometido a Alá sacrificar una cabra en la tumba del profeta Aarón, que estaba en la montaña Gebel Haroun, que según la leyenda se situaba sobre la ciudad perdida. Así descubrió la antigua urbe e hizo varios dibujos sobre lo que había visto. Ése fue el pistoletazo de salida para todo tipo de aventureros y arqueólogos que posteriormente, siguiendo las indicaciones del pionero, llegaron a la ciudad. A partir de entonces, se empezó a descubrir buena parte de los misterios que oculta. Algunos, en cambio, permanecen todavía ocultos y sólo el tiempo podrá revelar sus secretos.

LOS MANUSCRITOS DEL MAR MUERTO

Ubicación geográfica

El Mar Muerto ejerce de frontera natural entre Israel y Jordania. Tiene un contenido de sal del 35%, incluyendo sulfatos, cloruro de potasio, cloruro de sodio y cloruro de magnesio. El porcentaje de minerales del Mar Muerto es diez veces el de un mar ordinario. Esto impide la existencia de seres vivos. Sin embargo, se atribuyen propiedades calmantes y curativas a estas aguas tan saladas.

La fecha del enigma

A principios de 1947, se descubrieron los primeros rollos de lo que más tarde se llamarían los Papiros de Qumrán.

Los manuscritos de la cueva

El descubrimiento de los ahora famosos manuscritos del Mar Muerto se debe a la casualidad. Un joven pastor beduino llamado Muhammad el Lobo había perdido una cabra. No tenía ni idea de dónde podía estar el animal, así que trepó por los riscos de Qumrán y descubrió una apertura. La oscuridad le impedía ver absolutamente nada, así que arrojó entonces una piedra por el agujero y oyó un ruido de cerámica que se rompía. La curiosidad lo llevó a escalar hasta la abertura y entró a gatas. Se lanzó y fue a parar a una cueva pequeña (de unos dos metros de ancho) pero con el techo alto que alcanzaba casi los siete metros.

En aquel extraño lugar había una cantidad de vasijas de barro de unos sesenta centímetros de alto y veinticinco de ancho, muchas de ellas rotas. Muhammad se asustó y huyó. Al día siguiente volvió con un amigo y ambos exploraron la cueva con más detenimiento. Algunas de las vasijas de barro estaban selladas. Dentro de una de ellas encontraron tres manuscritos de cuero envueltos en lienzo podrido. Era la primera vez que alguien abría esos manuscritos después de 2.000 años.

Durante aquella semana, el pastor volvió al lugar y encontró otros cuatro manuscritos. La posterior exploración arqueológica dictaminó, después de examinar varios vestigios, que debía de haber 40 vasijas en aquel lugar. No se sabe si todas contenían manuscritos ni cuántos de éstos fueron sacados de la cueva antes de que se conociera su importancia. Se ha insinuado que algunos fueron quemados como combustible.

El joven intentó vender, sin demasiado fortuna, aquel hallazgo. Finalmente, el metropolitano sirio del monasterio de San Marcos de Jerusalén, Mar Athanasius Jeshue Samuel, aceptó cuatro de los rollos mejor conservados. La guerra egipcio-israelita de 1947-1949 hizo que los rollos cayeran en el olvido.

Unos beduinos descubrieron más rollos en una cueva situada en las costas del Mar Muerto. Se trataba de dos vasijas de arcilla con seis rollos que fueron adquiridos por un arqueólogo de la Universidad de Jerusalén. Éste conocía la existencia de los rollos del primer descubrimiento, pero no podía estudiarlos porque el monasterio de San Marcos se encontraba al otro lado de la línea de demarcación, en la zona árabe de la ciudad. Cuando los pudo comprar, en enero de 1948, reconoció en uno de los manuscritos el libro del profeta Isaías, del Antiguo Testamento. Otro de los manuscritos lo descifró como el Manual de la vida espiritual, de una secta judía.

A partir de ese momento, los acontecimientos se sucedieron rápidamente. Todavía no había finalizado la guerra cuando los investigadores de todo el mundo estaban de acuerdo en que los manuscritos del Mar Muerto habían sido el mayor descubrimiento contemporáneo. Los primeros manuscritos descifrados demostraron ser una colección de los Himnos de Gracias, que pertenecían a la secta judía de la Nueva Alianza; un trabajo con el título de Guerra de los hijos de la luz contra los hijos de las tinieblas; y partes del Libro de Isaías.

La importancia del descubrimiento hizo que interviniera Naciones Unidas que quiso encontrar la cueva de donde procedían. Cuando los técnicos enviados por este organismo internacional la localizaron a 12 km al sur de Jericó y a 2 km de distancia del Mar Muerto, estaba vacía. Los beduinos la habían saqueado. Las excavaciones posteriores solamente descubrieron los restos de 56 tinajas. Las vasijas demostraban que antiguamente la cueva debía de haber contenido toda una biblioteca de 200 a 250 rollos.

Durante el transcurso de las posteriores y más detalladas investigaciones se descubrieron otras diez cuevas, todas ellas situadas en las cercanías de las ruinas.

En la segunda cueva se descubrieron tres rollos de cuero, en un estado bastante lamentable. Después de grandes esfuerzos se consiguió descifrar un rollo de la primera cueva que contiene una paráfrasis sobre los diecisiete primeros capítulos del Génesis.

En la cuarta cueva aparecieron los hallazgos más celebrados: los textos de todos los libros del Antiguo Testamento (a excepción del Libro de Ester) en lengua hebrea, aramea y griega. Entre ellos también se encontraban comentarios de los profetas. Se contaron en total fragmentos de 332 obras diferentes.

En la actualidad siguen las prospecciones en la zona y es probable que en los próximos años obtengamos sorprendente información sobre los manuscritos.

La teoría: la cultura esenia

Las excavaciones realizadas en las ruinas entre 1953 y 1955 encontraron datos muy sorprendentes. Para empezar, se llegó a la conclusión de que aquellas cuevas pertenecían al monasterio de Khirbet Qumrán, al noreste del Mar Muerto, que ya había sido citado en antiguos escritos y que servía de punto de encuentro de una secta judía llamada Nueva Alianza. Sus fieles formaban la tribu de los esenios.

Pero las ruinas desvelaron otros secretos: una gran sala de reuniones con cientos de cuencos y fuentes de arcilla, un molino de trigo, un taller de alfarería y almacenes para las provisiones.

También se ha constatado que los esenios practicaban abluciones a diario, empleando cuatro grandes cisternas y siete pequeñas. El refectorio, que todavía estaba lleno de vasijas, se utilizaba como un comedor donde los elegidos tomaban sus comidas sagradas.

Lo único que no se encontró fueron viviendas. Los esenios vivían en cuevas, en cabañas o en celdas, como los antiguos hebreos. Sólo se reunían en el monasterio para llevar a cabo sus celebraciones religiosas y para comer. Practicaban la humildad, según las prescripciones de su secta. Así pues, las tumbas de su cementerio también eran de gran sencillez, sin esculturas, sin inscripciones ni ofrendas.

Según la opinión de los expertos, los orígenes del cristianismo ya no deben buscarse entre los fariseos y los talmudistas, sino entre los esenios.

Los papeles que hablan de sus costumbres revelan que hubo un «maestro de la virtud». También él predicó —como Jesús 100 años después— la humildad, la caridad y el amor al prójimo. Después fue condenado y ajusticiado a causa de la hostilidad de los sacerdotes judíos, tal y como le ocurriría a Jesucristo.

Por tanto, los expertos creen que el esenismo fue un precursor del cristianismo, y se dice que en los manuscritos se encuentran sermones muy parecidos a los del fundador del cristianismo. Es sorprendente el parecido de estos textos con el Evangelio de Juan. Los analistas de los textos creen que el «Manual de la vida espiritual» es un documento básico en para la creación del cristianismo.

Los esenios guardaron celosamente todo este conocimiento para utilizarlo en sus cultos. Sin embargo, se dieron cuenta de que la invasión romana era inminente y que sería probable que los conquistadores destruyeran su patrimonio. Al acercarse la décima legión romana, que tenía la misión de reducir a los rebeldes judíos (66-67 d.C.), los esenios huyeron, pero antes ocultaron los valiosos documentos en las cuevas y alrededores.

Aún se están analizando los textos y se están buscando nuevos manuscritos. Tal vez esa información sirva para aclarar lo que hasta ahora sigue siendo un misterio. ¿Hubo un mesías antes de Jesucristo o los esenios describieron certeramente lo que había de suceder? ¿Cómo influyó este pueblo, escindido y repartido por toda Judea, en la creación del cristianismo?

Capítulo III
ÁFRICA

¿El continente misterioso, oscuro, desconocido? ¿El continente con muchas caras?

¿Cuál es verdad? Son quizá todas verdad de una forma u otra. Con los años, muchos hechos que nadie sabía se han traído a la luz sobre este continente misterioso y fascinador. Reliquias que fechan de 10.000 años antes de nuestra era prueban que gente con un alto nivel cultural, si bien prehistórico, vivió en África.

África apareció en el mapa griego del mundo en el año 800 a.C. por primera vez. El continente africano ha fascinado profundamente al hombre durante siglos. Muchas expediciones intentaron descubrir algo del misterio de África. Algunos acertaron y otros no, pero no importa, siempre hubo otros decididos a tentar su suerte. Algunos volvieron con hechos asombrosos, pero también con los artículos que despertaron el interés de las mentes de los negocios en el mundo occidental: oro, marfil, madera, algodón, piedras preciosas y marfil negro… los esclavos.

El continente fue, sin duda, una de las cunas más importantes del ser humano; no en vano siguen encontrándose hoy en día restos de nuestros más ilustres antepasados que así lo atestiguan. Además fue también cuna de las más grandes civilizaciones de la antigüedad, aun hoy en día estudiadas en busca de una comprensión absoluta que parece no llegar nunca.

Los primeros asentamientos humanos emergen a lo largo del Nilo, del Níger y de los ríos de Congo (África occidental-central); el Isonghee de Zaire (República Democrática del Congo) introduce el ábaco matemático y se construyen tumbas de piedra de Cyclopian en el área central. Todo ello 4.500 años antes de Cristo.

La extensión de la agricultura al sur del desierto del Sáhara apoyó una población en crecimiento, que dominó la domesticación de animales y la agricultura.

Los egipcios antiguos comienzan a usar los textos funerarios unos 4.000 años antes de nuestra era, documentos escritos en pergaminos. Estos primeros, que llamaron a su tierra Kemet (tierra de los negros) y Ta-Meri (tierra querida), eran sobre todo agricultores que, con la práctica de la irrigación y de la agricultura animal, transformaron el valle del Nilo en una economía que producía alimento y prosperidad para todos.

Su forma de vida permitió que desarrollaran habilidades en la fabricación del vidrio, cerámica, metalurgia, telares, carpintería, trabajo del cuero y albañilería. En este último arte, los médicos egipcios antiguos sobresalieron en arquitectura, como las pirámides atestiguan.

Hasta el año 1000 a.C., las civilizaciones africanas antiguas del valle del Nilo se establecen y prosperan.

Kemet antiguo (como los egipcios antiguos llamaron a su reino, un término del 3100 a.C.) es también la cuna de la civilización africana negra. Un tema de discusión contemporáneo candente es la pertenencia étnica y/o el color de los egipcios antiguos, y los eruditos como Molefi Kete Asante y Abu S. Abarry observan que «el Egipto [antiguo] está visto como sociedad del significado a la civilización humana, pero sus orígenes [del africano negro] son discutidos por algunos eruditos blancos».

Denuncian que los sentimientos racistas han conducido a los «historiadores revisionistas del decimoquinto al vigésimo siglo, la edad del comercio europeo del esclavo [y la colonización europea de África]... para desacreditar a los africanos, para explicar que la base africana es lejana» al Egipto antiguo, «y para acreditar todo el logro africano a la presencia de genes europeos».

Lo que sí es cierto es que del 1000 al 800 a.C., el pueblo bantú empezó a emigrar al África subsahariana. Los bantúes, un grupo unido por el lenguaje de unos 60 millones de personas, viven en el África ecuatorial y Sudáfrica, probablemente originarios del oeste del continente. La migración bantú es una de las más importantes de la historia, pero la causa de sus movimientos es incierta. El resultado fue la mezcla total de las diferentes razas africanas, resultando de todo ello diversas lenguas y culturas, así como grupos étnicos y organizaciones tribales.

Aparte del árabe, idioma no sólo hablado en África, las lenguas africanas más habladas son el swahili (lengua de influencia árabe y bantú) y el hausa, con 20 millones de hablantes cada una en la actualidad.

Una vez que la migración bantú se extiende a África meridional, aparecen sociedades africanas del sudeste y nacen ciudades-estado en Zimbabwe, Dhlo-Dhlo, Kilwa y Sofala, que prosperan en 1600 a.C.

El siguiente paso importante en el continente se da entre los años 639 y 641 de nuestra era: el advenimiento del islam, cuando Khalif Omar conquista Egipto con las tropas islámicas.

Los árabes extienden la fe islámica por muchas áreas del Sáhara e invaden España, donde gobiernan hasta 1492, dejando como legado el desarrollo de la agricultura, la ingeniería, la explotación minera, la industria, la arquitectura. Con España como centro, se extendieron por el mundo durante casi 800 años, hasta la caída de Granada en 1492.

Gran Bretaña y otros países europeos comienzan su comercio colonial en África, que aumenta perceptiblemente con el desarrollo de las colonias de ultramar, especialmente en Brasil, dando como resultado una de las páginas más negras de la humanidad: el comercio de esclavos a gran escala. Otros países implicados en este comercio fueron España (a partir de 1479), Norteamérica (a partir de 1619), Holanda (a partir de 1625), Francia (a partir de 1642), Suecia (a partir de 1647) y Dinamarca (a partir de 1697).

En 1570 llegan los portugueses y establecen colonia en Angola. Los holandeses se instalan en el Cabo de Buena Esperanza y la colonización de los bóeres («granjeros»), o afrikáneres, comienza a colocar granjas grandes por toda la región.

El África colonizada fue quizá el peor momento de la historia del continente negro, expoliado hasta la extenuación por occidentales «más civilizados», una situación que es la directamente responsable del estado actual de buena parte de los países africanos, inmersos en la hambruna y el más vergonzante atraso en plena era de Internet y los viajes espaciales tripulados.

Aun así, África sigue guardando sus secretos celosamente, que no son pocos, y haciéndose de rogar (no es de extrañar después de ver cómo la hemos tratado) a la hora de desentrañarlos. Por ello quizá sigue siendo el continente más enigmático de la Tierra.

EGIPTO, EL MISTERIO DE LAS PIRÁMIDES

Ubicación geográfica

Egipto está situado entre los 22° y los 32° de latitud norte y entre los 25° y los 35° de longitud oeste; forma parte del continente africano y ocupa la zona nororiental.

Está bañado por el mar Mediterráneo en su zona norte y el mar Rojo al este. Por el sur limita con Sudán y al oeste con Libia. Su extensión total es de 1.001.449 kilómetros cuadrados, reducidos por la ocupación israelí de la península de

Sinaí. El territorio está dividido en cuatro zonas básicas: la península de Sinaí, las montañas del este del Nilo, el desierto occidental y el valle del Nilo.

El Nilo cambia el paisaje de norte a sur del país. Es el río más largo del mundo y, con sus 6.671 kilómetros, va dando vida mediante sus sedimentos a una tierra viva y fértil.

Sus monumentos más antiguos y famosos, las pirámides, se hallan al lado de su capital, El Cairo.

La fecha del enigma

Las pirámides de Gizeh (Giza) son los monumentos más ilustres del Egipto antiguo. Estas estructuras de piedra masivas fueron construidas hace alrededor 4.500 años en una meseta rocosa del desierto cerca del Nilo. Las pirámides egipcias no eran más que las tumbas para los reyes, pero los misterios que rodean su simbolismo, diseño y propósito han inspirado discusiones apasionadas. Es probable que muchos de estos misterios nunca sean solucionados...

Las pirámides personifican el Egipto antiguo, y las más grandes fueron construidas durante un plazo de tiempo relativamente corto al tratarse de una civilización que duró casi tres milenios.

La primera pirámide egipcia grande fue la de Saqqara, construida durante la tercera dinastía del viejo reino para proteger al cuerpo del rey Djoser, que murió alrededor de 2649 a.C. Esta hazaña anunció la edad de oro de las gigantescas pirámides de piedra del antiguo Egipto.

Pero los logros más grandes de los constructores de pirámides fueron sin duda las de Gizeh, construidas cerca de la ciudad capital de Memfis para los reyes Keops, Kefrén y Micerinos, de la 4.ª dinastía, que gobernaron entre 2589 y 2504 a.C.

Pero la construcción de pirámides pronto disminuyó, al igual que la energía y la prosperidad de los reyes de Egipto, debilitados ya hacia el final del viejo reino.

Desafortunadamente, las pirámides se convirtieron en blancos obvios para los ladrones de tumbas. Las de Gizeh fueron pasto de las rapiñas, y tanto los cuerpos como cualquier cosa enterrada con ellos, a pesar de los esfuerzos casi sobrehumanos de los egipcios por proteger los restos de sus reyes, han desaparecido con el paso del tiempo.

La gran pirámide de Keops en Gizeh es la más grande de las pirámides del Egipto antiguo, y fue admirada por los griegos clásicos como una de las siete maravillas del mundo. Keops gobernó entre 2589 y 2566 a.C., cuando el viejo reino de Egipto alcanzó su máxima prosperidad económica y cultural. Después de su muerte, se le enterró en una pirámide que, sin duda, es asombrosa tanto por su tamaño como por la precisión matemática. ¡La gran pirámide de Keops en Gizeh es el edificio más masivo erigido jamás en el mundo! Un hecho notable para una construcción realizada hace 4.500 años...

La historia de unas construcciones imposibles

Se dice a menudo que la gran pirámide de Keops contiene 2,3 millones de bloques de piedra, y sus cuatro lados se orientan exactamente a los puntos cardinales. La base tiene 230 metros de largo, con una diferencia entre ellas solamente de algunos centímetros. La pirámide tenía originalmente 146 metros de alto hasta que fue privada de su cubierta externa.

Pero ¿cuál era el propósito de las pirámides egipcias? La gente del Egipto antiguo creyó que la muerte en la tierra era el comienzo de un viaje al mundo siguiente. El cuerpo embalsamado del rey era enterrado en un compartimiento por debajo o dentro de la pirámide para protegerlo y permitir su transformación y ascensión a la vida futura: un lugar entre los dioses.

Cada una de las pirámides de Gizeh tenía un templo mortuorio colindante donde se realizaban los rituales del rey muerto en que se hacían ofrendas a los dioses egipcios. Se unía mediante una calzada a un templo del valle cerca del Nilo que actuaba como entrada al complejo. Las necrópolis de Gizeh también incluyen sitio para los barcos funerarios, pirámides subsidiarias y numerosas tumbas menores para la familia real y los altos funcionarios.

La forma de la pirámide pudo haber representado los rayos del sol, que el rey muerto utilizaría como rampa al reino celestial.

En Gizeh se yergue la misteriosa esfinge, que preside la necrópolis. Se discuten su edad y propósito, pero era probablemente parte del complejo de la pirámide de Kefrén. Durante la antigua era del reino, los reyes de Egipto comenzaron a acentuar sus asociaciones divinas y sus gentes creían que eran manifestaciones del dios solar Horus. Después de la época de Keops, proclamaron reyes también a los hijos del gran dios del sol Ra.

Después de su muerte, el faraón se asociaba con Osiris, el padre de Horus y el dios del mundo terrenal. Sus energías sagradas eran transmitidas al heredero, generalmente su hijo varón primogénito.

La pregunta del millón, sin embargo, es ¿cómo fueron construidas las pirámides? Probablemente las pirámides de Gizeh no fueran construidas por los esclavos, sino por trabajadores pagados aunque motivados por una fe en la divinidad e inmortalidad de sus faraones.

Saber exactamente cómo fueron construidas las pirámides es difícil. Es probable que un terraplén que se inclinaba fuera aumentado alrededor de la pirámide. Así, los bloques enormes habrían sido acarreados en los trineos con la ayuda de rodillos, de cuerdas de papiro y de palancas. Aunque la mayoría de la piedra fue sacada en Gizeh, algunos bloques tuvieron que ser transportados remontando el Nilo.

Originalmente, las pirámides de Gizeh fueron encajonadas en una piedra caliza más ligera que debe haber destruido el áspero sol egipcio. Desafortunadamente, fueron reutilizadas hace mucho para proporcionar los materiales de construcción para la ciudad de El Cairo.

Si damos crédito a los narradores árabes, en el 820 de nuestra era, la gran pirámide de Keops poseía aún su revestimiento de albañilería calcárea, la cual llevaba en su superficie un mensaje grabado. La desaparición de esta capa puso el edificio al desnudo. Desde entonces se ve la verdadera montaña de piedras, de las cuales algunas pesan más de 30 toneladas. Con una altura primitiva de 143 metros, su construcción se remontaría hacia el año 2690 a.C. La estimación es modesta, ¡es lo menos que se puede decir!

La crónica cuenta que se necesitaron más de 100.000 hombres para colocar, durante 20 años, los 2.300.000 bloques de Keops. Según Herodoto, historiador griego del siglo V a.C., el cronista más temprano y también el más fiable, la mano de obra que construyó Keops sumó a más de 100.000 personas. Pero Herodoto visitó las pirámides 2.700 años después de haber sido construidas y su figura impresionante era una conjetura basada en los rumores. Egiptólogos modernos creen que el número verdadero está más cercano a 20.000.

La teoría: constructores avezados, pero muy humanos

Muchos han estado intentando solucionar el rompecabezas que supone saber de dónde salieron los 20.000 trabajadores que construyeron las pirámides. Una vez se encuentre el área en la que vivían los trabajadores, se podrá aprender más sobre la mano de obra, sus vidas y quizás de dónde vinieron.

Se ha estado excavando en las supuestas panaderías que alimentaron probablemente a este ejército de trabajadores. Estos granjeros y aldeanos locales de Gizeh fueron reclutados para trabajar por y para sus faraones, los dioses en la Tierra, y construir sus monumentos. Estas construcciones asegurarían su vida futura y también darían prosperidad a Egipto en su totalidad, pues desde el más allá seguirían protegiendo a sus súbditos.

Mark Lehner es arqueólogo, profesor de la Universidad de Chicago, y miembro del equipo de investigación del museo de Harvard, y sus últimas investigaciones son muy interesantes con referencia a quién construyó las pirámides. Lehner se ha preguntado siempre si los constructores tenían inspiración divina o incluso extraterrestre, y ha llegado a la conclusión de que aquéllas son, sin duda, obra del ser humano.

Este importante arqueólogo fue a Egipto en 1972 y vivió allí durante 13 años. «Me influenciaron las ideas sobre la Atlántida y la obra de Edgar Cayce, entre otras» —dice Lehner—, pero tras analizar ese punto de vista a través de todo lo que vi en las excavaciones día a día, año a año, es concluyente que los constructores de las pirámides fueron muy humanos: las marcas de la humanidad están por todas partes. No puedo entender cómo algunos egiptólogos denigran la cultura antigua. Es más que evidente que fueron gente muy sofisticada, tecnológicamente sofisticada, lo que les permitió construirlas. Hay cierta paradoja aquí, porque aunque eran civilizaciones sofisticadas, no dejaban de estar en un período casi prehistórico. Todo lo encontrado convence más y más de que esta sociedad fue la que construyó la esfinge y las pirámides. Y haciéndolo contribuyeron a la carrera humana y a su desarrollo total».

Otras investigaciones han demostrado que, efectivamente, no hay nada nuevo bajo el sol, y que fue con los medios actuales con los que se construyeron las pirámides. Evidentemente, no contaron con energía eléctrica que movería grandes grúas, ni nada parecido, pero la palanca, por ejemplo, o el plano inclinado, existen desde que el hombre fue capaz de convertir una simple rama en una herramienta. Daniel, Mann, Johnson y Mendenhall es hoy una de las firmas más grandes de la construcción en el mundo, y está trabajando para en el Pentágono. Uno de los vicepresidentes de esta organización norteamericana decidió iniciar un estudio para determinar cómo se construyó la gran pirámide. Desde luego, contrató a esta empresa, que tiene entre sus filas a los mejores ingenieros civiles de Estados Unidos.

Estos técnicos inicialmente se preguntaron: ¿qué se necesita para conseguir hacer el trabajo? ¿Con qué herramientas contaban? Entraron en contacto con egiptólogos y ellos les dieron algunas referencias, donde descubrieron que sus herramientas eran el plano inclinado, la palanca, etc., sin ninguna sofisticación secreta o tecnología oculta.

Concluyeron que, con 4.000 o 5.000 hombres, se podía construir la gran pirámide dentro de un período de entre 20 y 40 años. E hicieron cálculos muy específicos sobre cada aspecto: la grava, las rampas, la cocción del adobe…

Si lo pensamos, es lógico que ingenieros que planean grandes proyectos, como puentes colgantes o edificios complicadísimos de decenas de pisos de altura, miren a la gran pirámide y no crean, por mucho que no se dispusiera de ciertos avances, que tuvieran que estar implicadas en su construcción civilizaciones perdidas, extraterrestres o tecnologías ocultas. Al contrario, dicen que es un trabajo impresionante, extraordinario para la gente que vivió entonces y que, además, solamente el hombre pudo haberlo hecho.

Son monumentos humanos

La más enigmática de las esculturas, la esfinge, fue tallada en un solo bloque de piedra caliza extraída de la mina usada para construir también las pirámides. Los expertos creen que fue esculpida hace aproximadamente 4.600 años por el faraón Kefrén, cuya pirámide se levanta directamente detrás de ella. Además su cara puede ser la que se representó en la esfinge. Se trata de un cuerpo de león con rasgos faciales humanos, de unos 70 metros de largo y 18 de alto. Erosionada gravemente, ha experimentado numerosas restauraciones durante milenios, comenzando con una datada cerca de 1400 a.C. por el faraón Tutmosis IV, que soñó que la esfinge le pedía que despejara la arena alrededor de ella antes de la coronación que convertiría a Tutmosis en el supremo regente del Alto y Bajo Egipto. La esfinge ha experimentado recientemente una restauración importante que la ha dejado con el mejor aspecto posible, si bien muchos han levantado su voz contra lo que creen es más una chapuza que una restauración. Curiosamente, su nariz sigue perdida, seguramente destrozada por los cañonazos de las tropas napoleónicas.

PIRÁMIDES: FENÓMENOS PSI

Investigadores audaces y llenos de imaginación piensan actualmente que las pirámides son artefactos de telecomunicaciones y de transmisión de energía de una civilización antigua.

La pieza principal de este conjunto sería la gran pirámide de Keops, implantada en el centro real de nuestro mundo. Una simple mirada al mapamundi permite constatar que la elección geográfica realizada demuestra que el meridiano que pasa por la cúspide de esta construcción reparte la Tierra en dos mitades iguales de tierras emergidas y de océanos.

Keops sería la simple llave, pero adaptada a otra forma de creencia, de un sistema de comunicaciones mundiales. La pirámide, recibiendo los rayos cósmicos y las pulsaciones de la Tierra, constituiría un enorme emisor de energía. Este «emisor» irradiaría sobre todas las pirámides implantadas sobre nuestro planeta.

Curiosamente, recientes estudios prueban que estos monumentos no han sido edificados de manera casual o anárquica, sino en función de una ley de armonía bien precisa. Es decir, en función de una frecuencia universal, 7,5 Hz, seguramente.

Los altos lugares sagrados de la humanidad, como la isla de Pascua (180° de Keops), Cuzco y Teotihuacán (120°) y otros, están en relación estrecha con el gran centro del mundo. Pitágoras, el iniciado, evocó en sus escritos esta geografía secreta de nuestro planeta.

Actualmente, parece ser que la implantación de las viejas civilizaciones se apoyaba a la vez sobre proyecciones en el suelo de ciertas constelaciones y sobre las leyes de la esfera vibrante.

La Tierra, incluida en una sociedad cósmica existente por todas partes en el universo, no deja de ser una idea seductora que merecería ser profundizada. Sabemos que numerosos monumentos edificados durante siglos eran santuarios sagrados, y pirámides, templos y catedrales han sido siempre santuarios de la fe donde los hombres recibían las leyes de los dioses. Esta verdad nos induce a pensar que existe una especie de sumisión de la raza humana por una inteligencia de origen desconocido.

Es este convencimiento el que habría llevado a Malik al Aziz, en 1196, a querer destruir la «Pirámide Roja», llamada Micerinos. Quería que él y los suyos escaparan a unas «maniobras» del exterior que no podían controlar.

KARNAK, LA MORADA DE LOS DIOSES

Ubicación geográfica

Luxor, conocida como Tebas, era en la época menfita una pequeña aldea que adoraba al dios de la guerra Montu. Ubicada a las orillas del Nilo justo en la ribera contraria al Valle de los Reyes y las Reinas, la orilla oriental, Luxor fue donde los templos se convirtieron en moradas de los dioses, mientras que en la occidental los edificios se usaban para el culto y la conservación eterna de los soberanos muertos.

En esta ribera oriental encontramos el templo de Luxor. Descubierto en 1883, está dedicado al dios Amón, rey de los dioses. Su construcción fue realizada bajo los reinados de Amenhotep III y de Ramsés II, con adiciones de Tutankamón y de Horemheb.

El templo de Luxor estaba unido al templo de Karnak por la avenida de las esfinges y se trata de un extenso recinto que engloba más de 20 templos, santuarios, pilastras, patios intermedios, salas y espacios cerrados.

Para comprender la importancia del templo cabe mencionar que durante la 19.ª dinastía trabajaban en él aproximadamente 81.000 personas entre sacerdotes, guardianes, obreros y campesinos.

La fecha del enigma

A partir de la 10.ª dinastía inicia su época de esplendor y se convierte en la capital de los faraones del Nuevo Imperio (1550 a 1070 a.C.).

La historia de un complejo gigantesco

El templo de Karnak era conocido como Ipet-Isut (que significa «el más selecto de los lugares») por los egipcios antiguos. Es una ciudad formada por templos construidos durante siglos y dedicados a la tríada Amón, Mut y Khonsu. Aún hoy en día este lugar sigue siendo capaz de eclipsar muchas de las maravillas del mundo moderno y en su momento debió de ser la viva inspiración del temor por parte de los faraones y sacerdotes para tener dominada a la plebe.

Para gran parte de la población egipcia antigua éste habría podido ser la auténtica morada de los dioses. Es la madre de todos los edificios religiosos; siempre ha sido el más grande lugar de peregrinaje durante casi 4.000 años, aunque los peregrinos de hoy son principalmente turistas. Su superficie la forman 809 hectáreas en total, y solamente el área del recinto sagrado de Amón ocupa 27 de esas hectáreas. Cabrían en ese espacio diez catedrales europeas y media. El pasillo de Hypostyle, de 30.000 metros cuadrados, con sus 134 columnas, sigue siendo la estancia mayor de cualquier edificio religioso del mundo.

Karnak es el hogar del dios Amón, que fue una deidad local insignificante hasta la 12.ª dinastía, cuando Tebas se convirtió en la capital de Egipto. En épocas antiguas las guerras no eran luchas entre países, sino que se consideraban como batallas entre dioses. Un deidad sometía y sustituía a otra, y el dios victorioso y su gente incrementaban su fuerza. Así pasó con Amón, que con la ayuda de Tutmosis III y otros faraones del reino, se convirtió en un dios supremo del mundo antiguo y fue coronado como dios de dioses. Poco se sabe de él, porque, al contrario de la mayoría de los otros dioses, no tiene ninguna leyenda o milagro que impresionara a sus fieles, por lo que parece estar más cercano a una idea abstracta de un dios supremo. Sus seguidores venían de todos los estratos de la sociedad y algunos lo conocían como «visir de los pobres».

Todos los templos egipcios tenían un lago sagrado, y el de Karnak es el más grande. Fue utilizado durante festivales en los que las imágenes de los dioses navegaban a través de él en barcas de oro. El lago mide 129 × 77 metros. Karnak era también el hogar de una multitud de los gansos dedicados a Amón, que era representado con esta forma de ave sagrada.

La entrada del este, que conduce a su vez a un templo enorme, fue construida por Akenatón (el rey herético). En una tentativa de borrar su memoria, los enemigos de Akenatón destruyeron sus cartuchos tras su muerte.

La avenida de las esfinges con cabeza de cabra conducen al primer templo con columnatas que fue construido por los reyes etíopes (656 d.C.) Originalmente había tres avenidas de esfinges, una de las cuales, de casi cuatro kilómetros de largo, conectaba con la avenida de las esfinges del templo de Luxor.

La teoría: la dura lucha entre faraones por la posteridad

El templo de Karnak es realmente la conjunción de tres grandes templos, otros templos más pequeños adosados y varios templos externos que completan el mágico emplazamiento. Este extenso complejo fue construido y agrandado unas trece veces durante milenios.

Su propósito es bastante claro: venerar a los dioses preparándoles moradas dignas de su condición divina. En ese sentido, Karnak es una obra arquitectónica única en el mundo, pues no hay nada parecido en la antigüedad destinado a servir como morada de seres divinos.

Por ejemplo, el área pequeña que se halla en la primera hilera de gigantescas columnas podría darles lecciones muy útiles a los constructores modernos; sólo se necesita un poco de imaginación para apreciar cómo debía de ser. Las paredes, los techos y las columnas se pintaron con los tonos naturales de la tierra y la luz se filtraba muy poco, manteniendo originalmente la mayor parte del pasillo en sombras, con lo que el efecto tenía que ser de una asombrosa y fantasmagórica belleza.

El techo del pasillo tenía 30 metros de alto y fue apoyado por 12 columnas de piedra arenisca que se fijan en dos filas de seis columnas cada una. Cada fila está flanqueada por 7 filas de columnas de 12,8 metros de alto y tiene 9 columnas; no obstante, las filas internas tienen 7 columnas. Las pinturas que decoran las paredes del pasillo ilustran la creación del mundo.

Las pinturas de la mitad norte fueron realizadas en el período de Seti I y son obviamente mejores en cuanto a realización que las mandadas hacer por su hijo Ramsés II, localizadas en la mitad meridional. Las de Ramsés II son más oscuras y toscas que las de Seti I, lo que las convierte, mediante la luz, en mucho más dramáticas y sombrías.

Las paredes externas se cubren con escenas de una batalla. Una vez más Seti I está al norte y Ramsés II al sur. Las escenas han perdido casi la totalidad de su color original y los contornos de las escenas se han velado por los siglos de viento y sol. No es seguro que las escenas de la batalla estén basadas en hechos históricos o tengan un significado ritual. Se suele creer que cuando los detalles de la batalla son muy exactos, muy probablemente se trate de acontecimientos verdaderos. Las batallas de Seti ocurren en Líbano, Palestina meridional y Siria. Las paredes meridionales de Ramsés II contienen jeroglíficos hititas y textos en que los detalles registran la firma de un tratado entre el rey y Ramsés II, un pacto por la paz en el vigésimo primer año del reinado del faraón. Ésta es la primera prueba encontrada jamás de un acuerdo diplomático formal, un hecho ciertamente histórico.

Tras la tercera columnata encontramos un paso estrecho en el que hubo obeliscos. Uno de ellos fue erigido por Tutmosis I (1504-1492 a.C.), que era el padre de Hatshepsut. Este obelisco tiene 21,3 metros de alto y pesa cerca de 143 toneladas.

Durante los siglos entre Tutmosis I y Ramsés VI, los reyes hicieron más por destruir y desmontar que lo que querían en verdad: construir más elementos en los templos. Pero este obelisco nunca fue tocado por nadie y la inscripción original fue dejada en su lugar. Sin embargo, dos faraones agregaron su inscripción a ambos lados de la original.

Más allá de este obelisco está el único obelisco restante de Hatshepsut (1473-1458 a.C.) Tiene 29,6 metros de alto y pesa aproximadamente 320 toneladas. Además del obelisco de Letrán en Roma, éste es el obelisco en pie más alto del mundo. Hatshepsut era una mujer que se atrevió a desafiar la tradición del reinado masculino. Ella murió en circunstancias nada claras después de imponer su voluntad durante una época y, tras su muerte, su nombre y memoria sufrieron el olvido sistemático propagado por aquellos que nunca aprobaron que un faraón fuera mujer.

Tutmosis III (1479-1425 a.C.) fue el sucesor de Hatshepsut, y construyó una pared alta alrededor de su obelisco. Esta pared ocultó el dos tercios más bajo, pero a la izquierda el alto se seguía elevando hacia arriba, imponente. Se ha pensado que ésta fue una manera más fácil y más barata de destruir su memoria que no quitando la inscripción que la faraona dejó en el obelisco.

Si Tutmosis hubiera deseado realmente destruir el obelisco, lo habría mandado derribar, dicen en cambio algunos, y quizás hubo otra razón para edificar esa pared. De hecho, la punta del obelisco era visible desde 80 kilómetros de distancia. El granito rosado para el obelisco fue extraído en Asuán, a varios cientos de kilómetros al sur de Karnak. La piedra fue transportada río arriba y enviada a Tebas.

El templo construido por Tutmosis III conduce a una lujosa cámara destinada a archivar los papiros en los cuales el rey registró sus tributos. Muy poco ha sobrevivido de este archivo aparte de dos pilares del granito. Justo un poco más allá de estos pilares yace el santuario, originalmente la más vieja pieza del templo.

El actual santuario fue construido por el hermano de Alejandro Magno, Filipo III (323-316 a.C.), que era el rey de Macedonia. Fue construido justo encima del santuario anterior de Tutmosis III, que sigue conservando bloques e inscripciones del faraón, aunque se desconoce la razón última por la que se hizo tal cosa.

Capítulo IV
ASIA

Asia es el más grande de los continentes. Con las islas situadas en su periferia, Asia abarca una superficie estimada de 44.936.000 km², o sea un tercio más o menos de la superficie total de la Tierra. Su población es inmensa, la mayor del planeta, estimándose hoy en día en los casi cuatro mil millones de personas.

Emplazada casi por entero en el hemisferio norte, Asia está bordeada al norte por el océano Ártico, al este por el estrecho de Bering y el océano Pacífico, al sur por el océano Índico y al suroeste por el mar Rojo y el Mediterráneo. Al oeste, la frontera con Europa y Asia está situada por convención en las montañas del Ural, que continúan hacia el sur a lo largo del río Ural hasta el mar Caspio, y se prolonga después hacia las montañas del Cáucaso hasta el mar Negro. La masa de tierra formada conjuntamente por Europa y Asia se denomina Eurasia.

Es en Asia donde se encuentra el punto más alto y el más bajo del planeta (el monte Everest, 8.850 m por encima del nivel del mar, y el Mar Muerto, 390 m por debajo).

Desde un punto de vista occidental tradicional, Asia es principalmente notable por las culturas que los arqueólogos europeos denominaron «Oriente Próximo». Mesopotamia es la cuna de nuestras primeras civilizaciones. Ciudades como Ur, Uruk, Lagash y Babilonia nos proporcionan los datos más antiguos sobre actividades como el uso de la escritura o el de la rueda.

PAKISTÁN, EL IMPERIO MUSULMÁN DEL ÍNDICO

La historia de la zona comienza con la civilización del Índico en el año 3000 a.C., una época que dura hasta el 1500, cuando empieza el llamado período ario (tribu indoeuropea), que duró unos 1.000 años, aunque, como veremos más adelante, los descubrimientos en Mohenjo Daro ponen en tela de juicio la versión oficial, y tendríamos que hablar de la civilización dravidiana, que habría llegado antes que los arios.

Entre los años 522 y 326, el país se constituye en pequeños estados semiindependientes bajo el sultanado iraní del imperio kayani, una fase rota con la invasión por parte de Alejandro Magno que deja la zona bajo la supervisión de griegos de su confianza.

Hacia el 300-200 a.C. se convierte en provincia del imperio de Mauryan, que incluye la India y Afganistán, y bajo esta influencia muchos habitantes se convierten al budismo.

El siguiente gran período de la historia de Pakistán se rige bajo las reglas de los kushan (en una 1.ª fase del 70 al 250 d.C.), etnia dominante en el norte de la India, de la que se vuelve a independizar durante la segunda fase (250-450 d.C.).

A estas fases de transición hacia la absoluta independencia de la región, les sucedieron las sangrientas hordas de hunos con los que establecieron alianzas hasta el llamado período musulmán, cuando se fundan las dinastías de los Khiljis, Tughlaqs, Syeds, Lodhis, Suris y Mughals (1227-1739), que serán las que dominarán alternativamente el país durante más de 500 años, si bien Pakistán vuelve a ser parte de la India, tras los que llegarán iraníes y afganos a instaurar sus sultanatos.

Antes de ser colonizado por los ingleses en sus ansias expansionistas en la zona, se instauraron en Pakistán la casta Sikh, sobre todo en las regiones de Punjab y Kashmir, mientras que los Talpur lo hicieron en Sind y el Khan de Kalat en Beluchistán (1800-1848).

Justamente en 1848 llegaron para quedarse una buena temporada los soldados del Imperio británico, que durante 99 años gobernaron la India y, por ende, Pakistán.

Desde 1947 Pakistán es un país soberano musulmán independiente de la India.

Lo arriba indicado revela que los 5.000 años del país, bajo sus diferentes influencias y reinados, ha resultado una interesante mezcla de culturas, religiones y folclores que forman hoy en día Pakistán, un país repleto de tradición que en muchos aspectos aún está por «descubrir» por Occidente, pese al éxodo masivo de su población durante las últimas décadas, que ha desperdigado a sus gentes por todo el planeta en busca de un nivel de vida mejor que el de su país de origen.

MOHENJO DARO, UN DESCUBRIMIENTO SENSACIONAL

Ubicación geográfica

Esta ciudad se encontraba en la parte baja del río Indo, al noroeste del país.

Fecha del enigma

La mítica ciudad data del 3000 a.C. Tras milenios guardando su secreto, en 1924 fue descubierta por el arqueólogo Juan Marshall.

La historia de la ciudad borrada del mapa

Aparecen ante los ojos de la humanidad, en 1924, los vestigios de una ciudad que data de más de 3.000 años a.C. Este descubrimiento realizado por el arqueólogo Juan Marshall es sin duda sensacional, ya que pone en evidencia un aspecto enteramente nuevo de la antiquísima India. Hasta entonces se había creído que los que habían llevado la civilización a la India habían sido pobladores indoeuropeos (los arios), pero no es así, puesto que este suceso revela una civilización hindú más antigua: la dravidiana.

Según hoy sabemos, sobre esa ciudad se produjo un resplandor deslumbrante, una gigantesca explosión con una luz totalmente cegadora y que hizo hervir los mares cercanos a esta ciudad costera. Las ruinas de Mohenjo Daro han sido estudiadas por especialistas que no se explican cómo pudieron ser destruidos de un modo tan devastador todos los edificios en un área de más de un kilómetro de diámetro, la radiación existente en la zona y la posición de todos los esqueletos encontrados entre las ruinas y por las calles.

La teoría: muchas preguntas y pocas respuestas

La civilización del valle del Indo puede competir en antigüedad y esplendor con las de Sumeria y Egipto. Hacia el 2500 antes de Cristo esta área fue ocupada, en una serie de invasiones, por tribus de origen desconocido (si bien algunos piensan que procedían de Mesopotamia y del Irán), pero que pertenecían al grupo indoeuropeo, en lo que a la lengua se refiere.

Los primeros grupos se establecieron al oeste del Indo y después en el mismo valle del Indo donde fundaron los grandes centros de Harappa y de Mohenjo Daro, que florecieron entre 2500 y principios del segundo milenio.

Para pasar de las pobres aldeas a una cultura urbana, la civilización del Indo superó las mismas etapas que las civilizaciones de Mesopotamia o de Egipto, hasta conseguir un sistema de escritura que todavía no ha sido descifrado.

Harappa y Mohenjo Daro ofrecen el aspecto de ciudades perfectamente ordenadas que organizaron la división del trabajo, y cuya economía se apoyaba en la agricultura, la metalurgia, la alfarería a torno y el comercio marítimo, por medio del cual acaso se mantuvieran relaciones con la Baja Mesopotamia. Se han encontrado joyas y sellos de origen sumerio en las ruinas de las dos ciudades.

Ignoramos las circunstancias del nacimiento de esta civilización, pero sí presumimos las de su muerte. Fue destruida por invasores procedentes del norte y del sur de la comarca irania, que aniquilaron a sus componentes; en las minas de diversas ciudades, la excavación arqueológica ha sacado a la luz esqueletos que conservan huellas de una muerte violenta.

Durante los últimos cincuenta años, en varios lugares del valle del Indo se han venido hallando sellos con signos característicos que han suscitado gran interés en todo el mundo. Sin embargo, hasta 1924, en que el Departamento de Arqueología del Gobierno de la India emprendió la primera excavación sistemática de los antiguos yacimientos de Harappa y Mohenjo Daro, no se descubrió una cantidad considerable de textos.

En los años siguientes se descubrió en Chanhu Daro más material con inscripciones de la misma naturaleza. En estos lugares, salieron a la luz culturas de gran antigüedad de las que, por extraño que parezca, la tradición índica nada nos cuenta.

La escritura, aún sin descifrar, consiste en unos 250 signos y se encuentra en breves inscripciones de sellos, cerámica y tablillas de cobre. La cronología de esta escritura protoíndica está establecida por comparación estratigráfica con la ayuda de los hallazgos en Mesopotamia. La escritura apareció en la segunda mitad del tercer milenio antes de Cristo, y después de unos pocos siglos, desapareció con la misma rapidez.

Dado que ningún volcán se encuentra en esa zona, la teoría de la explosión que barrió la ciudad se debilita, si bien algunos han querido ver en Mohenjo Daro las bíblicas Sodoma y Gomorra, destruidas por designio divino según se cuenta en las Sagradas Escrituras.

El investigador y químico ruso Mijail Dimitriev, que apuesta por un excepcional fenómeno climatológico muy destructivo que a lo largo de la historia ha hecho desaparecer ciudades enteras sin dejar rastro, es uno de los expertos en la materia.

Según Dimitriev, en el *Mahabarata*, un antiguo poema de la India, se menciona la ciudad de Mohenjo Daro, cuyo nombre significa «Colina de los Muertos». La tradición hindú dice que, al desaparecer esta ciudad, en el cielo estalló un resplandor deslumbrante, el aire parecía arder, y después se produjo una potente explosión. La alta temperatura hizo arder las aguas adyacentes y los peces aparecían hervidos en la superficie.

Para reforzar su teoría, el científico recuerda las piedras fundidas y huellas de incendios encontradas en las ruinas tras las excavaciones realizadas en la década de 1920, que corresponderían a los efectos de una explosión devastadora.

Se descubrió que en el radio de un kilómetro fueron destruidos todos los edificios, y las poses de los esqueletos hallados mostraban que la gente caminaba por las calles al morir, sin esperar que algo así pudiera ocurrir.

Aunque es una teoría un tanto peregrina que no aporta muchas pruebas de lo que intenta demostrar, la cruda realidad es que aún no sabemos, y quizá nunca sepamos, qué ocurrió en verdad en Mohenjo Daro.

LA INDIA, EL MALTRECHO PARAÍSO EN LA TIERRA

Este enorme país de más de mil millones de habitantes se encuentra en el sudeste de Asia, literalmente rodeado por China al norte, al este por Nepal y Bhután, al este por Bangladesh, al noroeste por Pakistán y Afganistán, y en el sudeste, sur y sudoeste por el océano Índico.

La historia de la India es prácticamente la misma ya relatada anteriormente de Pakistán, si bien su independencia de los británicos fue más sangrienta y traumática a partir de 1949, año en que se redacta su constitución. Dicho texto divide el país en 28 estados autogobernados administrados por un gobernador estatal, que controlan independientemente la educación, sanidad, policía, etc.

Ese año también marcó la separación definitiva del Estado musulmán de Pakistán, con el que varios conflictos han dejado bastante tensas las relaciones entre ambos países. Sus fronteras siguen estando muy vigiladas por unos y otros.

EL TAJ MAHAL, EL MAUSOLEO MÁS BELLO DEL MUNDO

Ubicación geográfica

Esta impresionante construcción, quizá una de las más bellas del mundo, se encuentra en la parte noroeste del país, cerca de la ciudad de Agri, al sur de Delhi, y a orillas de uno de los muchos afluentes del río Ganges.

La fecha del enigma

Lo construyó el emperador Shah Jahan (1592-1666), que gobernó el país de 1628 a 1658. Lo hizo para conmemorar la memoria de su esposa favorita, Mumtaz Mahal. Jahan era descendiente directo del mongol Gengis Khan, el azote del continente durante el siglo XIII, del que heredó su crueldad.

La historia del mausoleo

El emperador mongol disponía de un harén de mujeres a su disposición, entre las cuales se hallaba Mumtaz Mahal, a la que escogió como consorte y acabó convirtiéndose en su mano derecha gracias a su inteligencia, diplomacia y saber hacer político. Le dio catorce hijos y fue su compañera de vida hasta el final. Mahal acabó por convertirse en la verdadera regente en la sombra del país, llevando a éste a progresar por medio de medidas sociales y económicas nunca vistas hasta la fecha en este imperio edificado por bárbaros. Todo ello hizo de Mahal una persona muy querida no sólo por su esposo, sino por todo un pueblo agradecido de su mejora cualitativa de nivel de vida.

Acompañando a su marido en una campaña para sofocar una facción rebelde, Mahal dio a luz a su decimocuarto hijo, pero su cuerpo no lo pudo soportar y murió tras dar a luz. Su marido guardó luto durante dos años.

Para conmemorar su memoria, el emperador, amante de grandes construcciones para demostrar su poder a sus súbditos como la Fortaleza de Agra o la mezquita de Delhi, mandó erigir un mausoleo a sus arquitectos, y consiguió no sólo su mejor logro artístico, sino también uno de los más bellos del mundo.

Se dice que vinieron orfebres, artistas y arquitectos de todo el mundo. Era tan grande el proyecto que se edificó una ciudad al lado de las obras para dar cabida a todos los que trabajaban en ellas. Se habla de veinte mil personas dedicadas a su construcción, con mil elefantes que transportaban el mármol y centenares de mercaderes procedentes de Bagdad, Tíbet o Rusia que llegaban con piedras preciosas que decorarían las paredes.

La teoría: la representación del paraíso en la Tierra

El mausoleo se emplazó en medio de un frondoso parque y se llegaba a él desde una lujosa avenida. Antiguamente la puerta de entrada era de plata maciza y servía sobre todo para proteger los tesoros de su interior; además advertía al visitante que estaba a punto de penetrar en su interior, y tenía también otro objetivo práctico: separar dos zonas muy claramente diferenciadas, el apacible y silencioso interior y el bullicioso exterior repleto de actividad.

Entrar en el Taj Mahal parece tratarse de un viaje al otro mundo, pues la sensación es dejar atrás el mundo terrenal para pasar al paraíso celestial. Lo primero que encontramos es un bello jardín con un estanque en el que se refleja la imponente estructura, que antaño debía de estar repleto de exóticas aves y guardado por imponentes soldados vestidos de blanco que vigilaban el lugar con sus cerbatanas.

El agua representaba pureza e iniciación, por ello simbolizaba el paraíso. El reflejo de la cúpula en el estanque no era arbitrario, pues en la tradición islámica simboliza el cielo, y además el diseño de los jardines insiste en el tema de la perfección del más allá, representado con el número de la perfección, el cuatro: cuatro praderas, cuatro grupos de dieciséis terrazas de flores, cuatrocientas flores en cada una de ellas, etc.

Tampoco es arbitraria la elección del color blanco para el edificio, el color de la pureza y de la perla blanca, material con que el mundo se formó en un principio.

Así pues, el Taj Mahal es la representación del cielo en la tierra. Y si el exterior llama la atención y sobrecoge al visitante, el interior no es menos, pues en cada puerta se alinean frases del Corán realizadas con una caligrafía exquisita. Los pasajes escogidos son los que se recitan en el lecho de muerte de un musulmán. Y en el centro de la impresionante estructura se hallan las tumbas, pues no hay que olvidar que estamos en un mausoleo.

Estas tumbas estuvieron antaño recubiertas de plata con incrustaciones de piedras preciosas. En la cripta el emperador colocó el cuerpo de su esposa, pero dejó un ataúd en el centro del mausoleo, un sarcófago decorado con riquezas inimaginables.

La intención de Jahan era construir un mausoleo casi idéntico al lado del Taj Mahal, que sería negro en comparación, pero no tuvo tiempo de realizar su obra. Uno de sus hijos, como venía siendo costumbre entre los mongoles, usurpó el trono y asesinó a su progenitor, algo que el propio rey muerto había hecho en su momento. El nuevo regente colocó otro sarcófago al lado del de la reina y así, al menos, ambos amantes pudieron estar juntos para siempre.

CAMBOYA, UNA TIERRA MALTRATADA

El área hoy conocida como Camboya fue el hogar desde el siglo VI al XV del imperio jemer, una civilización que se vio atacada desde el actual Vietnam y Tailandia, y pasó a convertirse en protectorado francés en 1863. En la década de 1940 Francia dejó que Tailandia se anexionara el país, que fue ocupado por japoneses durante la campaña de la Segunda Guerra Mundial, y hasta 1953 no volvió a ser un país totalmente soberano, que pasó a llamarse República de Jemer. En los 70 Camboya sufrió otra invasión por parte de Vietnam en sus fronteras, una tensión que desembocó en la llegada al poder del tristemente célebre Pol Pot, que volvió a cambiar el nombre del país por el de República Popular de Kampuchea y castigó duramente a todo disidente al nuevo régimen de los jemeres rojos.

Tras décadas de terror por parte del gobierno de este sanguinario regente, por fin Camboya se deshizo del totalitarismo y pudo celebrar sus primeras elecciones libres en junio de 1993, dejando atrás millones de cadáveres producto del sueño de un loco.

ANGKOR, LA CIUDAD TEMPLO HINDÚ

Ubicación geográfica

Angkor se ubica a unos 240 kilómetros al noroeste de la capital Phnom Penh, al norte del país, muy cerca del lago Tonle Sap y del río Mekong.

La fecha del enigma

A lo largo de muchos siglos, la ciudad se fue construyendo gracias al trabajo de esclavos y abarcaba más de 100 kilómetros cuadrados de extensión, pudiendo ser ciertamente la ciudad más grande del mundo antiguo, con casi 500.000 habitantes, allá por el año 1000 antes de nuestra era.

La historia de Angkor

Es curioso pensar que hasta que un naturalista francés descubrió de nuevo Angkor, los camboyanos no tenían historia antes del siglo xv. Henri Moubot buscaba la confirmación de

129

los rumores de los campesinos, quienes aseguraban que en la profundidad de la jungla se hallaban las ruinas de una metrópolis abandonada.

Pero antes del descubrimiento de Moubot en 1860, otro francés ya había pasado por allí y dejado huella escrita de lo visto: «Descubrí unas inmensas ruinas que, según me dijeron, eran de un palacio real. En las paredes, con tallas del techo al suelo, vi combates entre elefantes, hombres luchando con mazas y lanzas, y otros que disparaban tres flechas a la vez con sus arcos». Las palabras son del padre Charles-Émille Bouillevaux que recorrió la misma jungla, pero por alguna razón fueron las de Moubot las que convencieron al pueblo camboyano que se acababan de descubrir las ruinas de su más esplendoroso pasado.

Al mismo tiempo se planteaba una duda más que razonable: ¿quién habitó Angkor y, sobre todo, cuándo y por qué la dejaron en manos de la selva?

Los que habitaron Angkor fueron los jemeres, gentes de tradición hinduista a causa de su sangre hindú, descendientes de la era en que llegaron al sudeste asiático muchos hindúes con ansias de colonización.

Pese a que esa zona ya estaba bastante poblada y tecnológicamente avanzada, no se fundaron ciudades hasta el siglo VII d.C., por razones que los arqueólogos no aciertan a comprender, y justamente en esa época fue cuando Angkor floreció y creció hasta límites insospechables, convirtiéndose en una metrópolis capaz de albergar más de medio millón de habitantes.

La fundó Jayavarman allá por el siglo IX, un adorador de Shiva que impuso su culto en todo el país. Todos sus sucesores hicieron construir un nuevo templo para alojar la imagen sagrada del dios, en especial su *lingam,* el símbolo fálico de su autoridad divina. Los templos también simbolizaban el monte Meru, mítica montaña residencia de los dioses hindúes y centro del universo según sus creencias. A causa de esta desaforada profusión de templos, éstos se multiplican por doquier en toda la metrópolis, destacando por encima de todos el de Angkor Vat, seguramente la construcción religiosa más grande del mundo. Un laberinto de unos dos kilómetros cuadrados y medio está repleto de relieves, estatuas de gran belleza, inscripciones y torres en forma de flor de loto, la más alta con una altura de más de 60 metros. En total, cinco recintos rectangulares y concéntricos que confluyen en el centro del templo, justo debajo de esa altísima torre. Además, este templo servía como observatorio astronómico, definiendo con sus formas perfectamente los solsticios de verano e invierno, por ejemplo.

La teoría: una sociedad demasiado... pacifista

Angkor debía de ser maravillosa en su época. El cercano Tonle Sap proveía de agua potable y pesca abundante; la tierra era fértil, muy capaz de dar tres o cuatro cosechas de arroz al año; la jungla era fuente inagotable de materiales de construcción y útiles de madera, por no hablar de las ricas minas de estaño, cobre, oro y plata de la región.

Entonces, ¿por qué renunciar a semejante paraíso terrenal? Algunos apuntan a que la llegada de nuevas doctrinas como el budismo hinayana convirtió a las gentes al altruismo, antimaterialismo y pacifismo, un camino abonado para los terribles ejércitos tailandeses que atacaron la zona en 1431. Tras un asedio de seis meses, entraron en la ciudad a sangre y fuego sin encontrar demasiada resistencia, arrasaron el lugar, se llevaron sus tesoros y diezmaron considerablemente una sociedad demasiado pacifista para los tiempos que corrían.

Al retirarse por fin los invasores, es muy probable que los supervivientes jemeres no tuvieran ni fuerzas ni ganas de devolver a Angkor su antiguo esplendor. A todo esto sumémosle una rebelión de esclavos, una epidemia de paludismo que asoló la zona y o bien una sequía pertinaz, o bien un monzón excesivo, y tenemos la razón de por qué sus moradores fueron abandonando la ciudad en busca de otros emplazamientos.

Cuenta además una leyenda que el dios serpiente se enojó con la familia real por asesinar al hijo de un sacerdote que les había ofendido, y anegó la ciudad con las aguas del lago.

CHINA, LA CUNA DE LAS TRADICIONES ORIENTALES

China es el país más grande de Asia, limitado al norte por Mongolia; al noroeste por Tayikistán, Kirgizistán, Kazajistán y Afganistán; al sudoeste por India, Nepal y Bután; al sur por Birmania, Laos y Vietnam; al sudeste y este por el mar de China, Corea del Norte y el mar Amarillo, y al nordeste por Rusia.

Las dinastías chinas se remontan hasta el 2000 a.C., como mínimo. Durante milenios un estricto sistema de castas funcionó en varias ciudades-estado en el territorio chino. Las castas acabaron por unificarse bajo un mismo mandato allá por el año 500 de nuestra era, manteniendo al país en una época feudal casi eterna que sólo se vio rota a principios del siglo XX con la revolución industrial y popular que llevó a derrocar el viejo sistema a favor del comunismo, sobre todo a partir del final de la Primera Guerra Mundial.

Los años 60 fueron de Mao Tse Tung, el gran timonel comunista que gobernó el país con mano de hierro y lo convirtió en la potencia mundial que aún continúa siendo hoy en día. Tras su muerte, el país comenzó una fase aperturista que en la actualidad mantiene, aunque sigue siendo considerado un tigre dormido que cualquier día saltará a por su presa. Como dijo Chang Kai Chek, «si un día todos los chinos se ponen de acuerdo en pegar una patada en el suelo, el resto del mundo lo pasará mal».

PEKÍN, SEDE DE LA CIUDAD PROHIBIDA

Ubicación geográfica

Situada al oeste de la costa del mar Amarillo, Pekín y su Ciudad Prohibida, morada del divino emperador, es una metrópolis enorme que hoy en día es la capital del país asiático y en la que viven casi 12 millones de personas.

La fecha del enigma

La dinastía Ming se instaló en el poder de 1368 a 1644, época en la que diseñaron la llamada ciudad prohibida en lo que más tarde sería Pekín. Su construcción comenzó en 1404.

La historia de una ciudad cerrada al exterior

En el período anterior al de los Ming, el emperador se trasladó a Pekín, a la que convirtió en capital del imperio, pero al ser derrocado, justamente los Ming volvieron a trasladarse a Nankín.

Fue el tercer emperador de los Ming, Yong Le, el que soñó con construir en Pekín el palacio definitivo para un gobernante, una ciudad dentro de una ciudad que fuera infranqueable desde ambos lados. Uno de los motivos era puramente político, pues el emperador necesitaba de grandes y numerosos salones para despachar sus reuniones diarias no sólo con sus ministros, sino también con diferentes delegaciones de otros gobiernos. Al mismo tiempo necesitaba de cómodas y amplias habitaciones para las muchas esposas, hijos y familia en general, así como templos y recintos donde celebrar todo tipo de actos privados y públicos.

Todo ello le condujo a diseñar un palacio enorme que al final se convirtió en una ciudad por sí misma, capaz de funcionar de manera autónoma.

Para su construcción se escogieron los mejores arquitectos de la época, que mezclaron estilos antiguos de construcción chinos con la tecnología más avanzada de la que disponían en aquellos tiempos. Uno de los elementos más impresionantes es la puerta principal, llamada Qian Men, construida con gruesas paredes de ladrillo y piedra por la que sólo podía pasar el emperador. Era la primera de una serie de puertas por las que se tenía que pasar para llegar a la Ciudad Prohibida: Qian Men, Tien An Men, Wu Men, Tai He Men y Qian Qing Men. A partir de la tercera puerta sólo podían acceder los miembros de la corte, oficiales y dignatarios de visita.

Uno de los momentos más espectaculares de la Ciudad Prohibida se daba cuando el emperador tenía que salir de ella, pues el cortejo era larguísimo y podían pasar horas antes de que el último soldado o sirviente cruzara las puertas definitivamente, tras un despliegue de gran belleza visual que servía para impresionar a la plebe y a los visitantes extranjeros.

En el patio principal de la ciudad se emplazaban las tres grandes salas del palacio imperial, con deslumbrante mármol blanco adornado de magníficas tallas de dragones y otros animales mitológicos. La primera sala era la de la suprema armonía, donde se celebraban los grandes acontecimientos relacionados con el Estado y ceremonias de nombramiento y similares.

La siguiente sala era la de la perfecta armonía, un edificio un poco más pequeño que el anterior pero muy suntuoso que servía para que el emperador se preparara antes de cualquier acto de Estado.

En la última sala, llamada de la conservación de la armonía, el emperador celebraba audiencias y recibía gobernantes y mandatarios de los países dependientes del imperio, que le rendían tributo. También recibía a sabios y otras personalidades de diversa condición.

Detrás de las tres salas se hallaba la morada privada del regente, consistente en tres palacios a cual más lujoso y bello. El primero era llamado el de la pureza celestial, que también servía para audiencias. El segundo, el de la unión, servía para guardar en él los sellos imperiales y otros tesoros de semejante importancia. El tercero, el de la tranquilidad terrenal, era donde residía la emperatriz y donde se celebraban las nupcias imperiales.

Detrás de los palacios se encuentra el jardín imperial, seguramente el lugar más íntimo del que podían disfrutar sus egregios moradores, apartándose del lujo y el protocolo estricto que dominaba el resto del complejo. Estaba repleto de exóticos pinos blancos de troncos plateados, catalpas de capullos rosa y magnolias de gran belleza. Las fuentes naturales y artificiales eran también de extrema belleza. El jardín les servía como refugio del mundanal ruido de la Ciudad Prohibida.

El complejo era completado con edificios más «modestos» en los que se ubicaban talleres, escuelas, bibliotecas, almacenes, cocinas, etc. En conjunto, una auténtica ciudad de lujo rodeada por otra metrópolis donde la vida era muy diferente.

La teoría: los tiempos están cambiando

Es evidente que el incremento de la población china a partir del siglo XVIII fue determinante para derrocar el autoritarismo de los emperadores, empecinados en seguir viviendo rodeados de lujos insultantes para una inmensa mayoría de chinos campesinos que a duras penas podían sobrevivir, menos aún con las exigencias tributarias del imperio. Terreno abonado, pues, para la llegada de un levantamiento popular desde el comunismo proveniente de Rusia, que ya había derrocado a su zar por las mismas razones.

La Ciudad Prohibida era el último reducto del feudalismo, en la que vivían, ajenos a toda esta revolución, el emperador y toda su familia con los mismos privilegios que había tenido su dinastía durante siglos.

Tras varios levantamientos sofocados violentamente, fue la Primera Guerra Mundial la que acabó por provocar el derrocamiento del sistema feudal, cuando los comunistas se hicieron con el país y penetraron donde antes ningún plebeyo había puesto los pies, sacando al último emperador de su jaula de cristal y enseñándole el mundo real en el que sus privilegios ya no servían, pues el pueblo había decidido que la tierra es para el que la trabaja. A este respecto, recomendamos encarecidamente la película de Bernardo Bertolucci, *El Último Emperador*, en la que se muestra este proceso de manera sobria a la par que bella.

El régimen comunista respetó la Ciudad Prohibida, y aún hoy en día pueden visitarse en el centro de Pekín las maravillas construidas por los emperadores que no tanto tiempo atrás vivieron como dioses apartados del mundo.

Capítulo V
AUSTRALIA Y OCEANÍA

La historia de Australia empieza con los llamados aborígenes de la región, que emigraron desde algún punto desconocido de Asia al continente austral hace entre 50.000 y 60.000 años, desperdigándose rápidamente por toda su extensión. No deja de ser un hecho remarcable si pensamos en la variedad extrema de diferentes hábitats (a cual más hostil) de Australia.

En un principio los aborígenes eran cazadores y agricultores nómadas que se trasladaban según las estaciones del año, llevando con ellos sólo lo necesario para sobrevivir.

Su sociedad estaba compuesta por una compleja red de relaciones entre diferentes tribus que intentaban convivir en paz. No existía una forma de gobierno conjunta, pero el control social se mantenía gracias a un sofisticado sistema de creencias llamadas *the Dreaming* (el Sueño) o *the Dreamtime* (el Tiempo del Sueño). Esas creencias se expresaban mediante canciones, bailes y arte en general. También existía una rica tradición oral con la que se aseguraba que las historias pasaran de generación en generación, entre las que se explicaba el origen de la creación del mundo.

En 1606 empezó la exploración del continente por parte de Europa, pues a las costas australianas llegó el navegante español Luis Váez de Torres, concretamente al sitio que desde entonces fue denominado Estrecho de Torres, que separa Australia de Papúa-Nueva Guinea.

Sólo un par de meses más tarde exploradores holandeses comenzaron la exploración del «nuevo» continente. El primero fue Willem Janszoon, que llegó al golfo de Carpentaria. Después, diecisiete años más tarde, Jan Carstensz cartografió la mayor parte de la costa oeste, al mismo tiempo que otros holandeses se desperdigaban por el continente descubriendo sus maravillas y poniéndole su primer nombre: Nueva Holanda.

El primer explorador inglés fue el aventurero William Dampier, que arribó a tierras australianas en 1688. A Dampier le siguió el célebre capitán James Cook en 1770. Tras circunnavegar Nueva Zelanda, Cook se dirigió a Australia, y allí se maravilló de la increíble variedad vegetal de sus tierras. El lugar que exploró es hoy en día parte de la moderna ciudad de Sidney.

Los europeos se instalan definitivamente en el continente en 1788, cuando se construye una cárcel colonial británica en la costa este. Desde ese punto Australia empezó a crecer rápidamente y sin descanso por todo el continente. Además, Australia era de vital estrategia para el Imperio británico, pues proveía de una base de aprovisionamiento a la Royal Navy en el este.

Es curioso cómo se independizó Australia de los británicos. El 13 de mayo de 1787, el capitán Arthur Phillip, al mando de 11 barcos llenos de convictos, renegó de su país y reclamó Australia como su nuevo país. El 18 de enero del año siguiente, llegaron sanos y salvos a la bahía Botany, y ocho días más tarde se instalaron en Port Jackson, unos pocos kilómetros al norte. De los barcos salieron 1.373 personas, incluyendo 732 convictos, y juntos fundaron lo que hoy es Sydney. Por eso el día de Australia se celebra el día 26 de enero, para conmemorar la llegada de sus primeros hijos australianos (al menos los de procedencia europea, claro).

A partir de Port Jackson, se fundaron progresivamente otras ciudades como Tasmania en 1803, Queensland en 1824, Melbourne en 1835 y Adelaida en 1836.

Desde entonces el continente se ha convertido en país soberano, uno de los más bellos y ricos de la Tierra, cuyas reservas naturales y paisajes salvajes hacen pensar que el Tiempo del Sueño se detuvo allí para siempre para que pudiéramos admirarlo.

AYERS ROCK: LA ROCA DEL IMPERIO DEL TIEMPO

Ubicación geográfica

Australia está en el hemisferio sur de la Tierra, al sur de Indonesia, rodeado por dos océanos, el Índico al oeste y el Pacífico al este.

Más de 2.700 km separan Darwin, al norte, de Melbourne, sobre la costa sur. Y son 3.500 km los que hay que franquear para atravesar Australia de este a oeste. Si queremos adentrarnos en el centro del continente, tenemos que recorrer casi 2.000 kilómetros desde su costa más próxima para llegar a Uluru, llamado por los aborígenes «el corazón de Australia».

Todo ello en un entorno particularmente indómito, pues muchos desiertos moran esas tierras, si bien las noches son heladas. Si se realiza este recorrido en vehículo por carretera, es un viaje largo y cansado, sin dejar de ser monótono y polvoriento. Pero en pleno centro de Australia reside el más grande y misterioso santuario de la isla: Ewaninga, una única roca de dimensiones extraordinarias que brota del desierto, como un velero pétreo en mitad de un inmenso mar de arena y arbustos.

Uno se pregunta cómo pueblos que no conocían otro medio de transporte que sus piernas han podido llegar hasta allí sin un cuatro por cuatro. Y no solamente llegar, sino también hacer de ello el lugar de culto más sagrado de su mundo.

Pero, cuando se llega a esa región, uno se olvida de las fatigas del viaje. Primero y desde muy lejos, en esta planicie uniformemente plana, se distingue el formidable monolito que los anglosajones llaman Ayers Rock. Es Uluru, la montaña sagrada de los aborígenes.

La fecha del enigma

En 1873, mientras exploraba el árido territorio del norte de Australia, el comisionado William Gosse descubrió un enorme monolito rojo al que bautizó como Ayers Rock en honor al primer ministro australiano, sir Henry Ayers. Pero Gosse ignoraba que la roca de colores vivos ya llevaba el nombre que le había sido dado por los nativos: Uluru.

La historia de la piedra sagrada

El Ayers Rock es la mayor masa rocosa del mundo, con una circunferencia de 9,5 km cuadrados y con una altura de 348 metros. Según la dirección de la luz, este monolito puede variar en coloración pasando desde el rojo-marrón al rosa en los atardeceres soleados, y al gris-negruzco cuando llueve. A 32 km al oeste del Ayers Rock se erige la maravillosa cadena de las «Olgas», de una antigüedad de más de 500 millones de años.

La masa en gres rosa es como una enorme bestia que surge de las profundidades de la tierra. Las estrías que se incrustan en sus lados, así como tantos pliegues, acentúan aún más el efecto de una vida invencible y parece que en cualquier momento la montaña va a levantarse y a caminar.

En Ewaninga se encuentran las pinturas rupestres más antiguas de la humanidad. Las que están en otras partes del planeta, como por ejemplo en Europa, son como mínimo unos 5.000 años posteriores.

Por lo demás, si la estructura de base de estos últimos es análoga, no puede rivalizar con la abundancia sobre las rocas de Ewaninga. Hay aquí un verdadero enredo de trazos cuyo significado no se puede, a primera vista, revelar o descubrir. Desde oquedades a pliegues, charcas, cuevas, cicatrices, desprendimientos, cavidades, salientes, recodos, líneas misteriosas... características todas ellas con un significado que las entronca con la cultura del pueblo anangu, con sus ritos, ceremonias, ofrendas y leyendas. Allí viven sus dioses, perviven sus recuerdos y moran sus antepasados.

La teoría: un mapa que hay que saber leer

En tierra australiana, todo es al revés del mundo y todo ocurre a lo grande, y los surcos sagrados o los círculos simbólicos que los acompañan se cuentan por miles. Cierto es que, para llegar hasta aquí, para una cultura sin medios de transporte, representa todo un logro. Y el laberinto rectilíneo y sin muros del desierto es una protección al menos tan eficaz para un santuario como las profundidades de una gruta.

Para los aborígenes este lugar es uno de los que pertenecen a los Héroes Civilizadores del Tiempo del Sueño. En ciertos mitos se canta, por ejemplo, la Odisea de las Siete Hermanas, quienes, partiendo desde Uluru, llegaron cerca de la ciudad actual de Port Augusta, en la costa meridional tras aventuras de todos los colores.

Ese inmenso periplo está jalonado de asentamientos sagrados. Se muestra por ejemplo el lugar donde ellas se sentaron y que está grabado con espirales; el muro que levantaron y que ahora es un escarpado acantilado, etc. Sobre centenares de kilómetros, el paisaje «habla» al iniciado, le cuenta la primigenia historia del hombre.

Lo que se despliega así sobre la tierra a partir de un punto central, se encuentra concentrado a través de los grabados del lugar de origen. En Ewinanga se puede leer toda la historia mágica de Australia que los aborígenes trazaron en pinturas rupestres de carácter sagrado. Hay que pensar en el lugar de culto como un libro gigantesco que permite recorrer mental y espiritualmente el futuro camino a seguir desde el pasado remoto, desde el origen de los tiempos. Lo encontraremos en la roca, sobre las paredes.

Al mismo tiempo, la bóveda llena de estrellas sirve de ayuda para la memoria, puesto que también nos encontramos con nuestros antepasados.

Volviendo al mito de las Siete Hermanas, éstas se sumergieron en el mar y fueron sorprendidas por su frescor, lo que las impulsó de un salto a subir al cielo, donde se convirtieron en Kurialya, la constelación de las Pléyades. En esta forma celeste el aborigen podía leer numerosas indicaciones que confirmaban y aclaraban sus otros conocimientos terrenales, evitando así equivocarse de sendero o, lo que es lo mismo, de fallar o de no ver los lugares mágicos.

Este lujo de precauciones para fijar en la memoria de los iniciados los secretos de la magia y de los rituales, revelan su importancia, sobre todo si hablamos de una sociedad cuyos conocimientos se transmiten oralmente. Para entenderlo mejor, podemos poner el siguiente ejemplo: es como tener un mapa de carreteras y los emplazamientos de las gasolineras. Es importante y necesario, pero si no se sabe conducir es una información, un saber, sin sentido e inútil.

Para resumir, podemos decir que cada año son miles las personas de todo el mundo que visitan Uluru y desean alcanzar su cima para tocar el cielo australiano, pero los aborígenes del pueblo anangu prefieren que nadie suba a la cima por el significado espiritual que eso supone para ellos, y porque la muerte sobre la roca de algún visitante o alguna caída circunstancial sería un mal augurio según sus creencias. Todos los años se producen accidentes de este tipo y el pueblo aborigen anangu está considerando la posibilidad de cerrar definitivamente el ascenso al Uluru, dejando sus secretos y ofertas de conocimiento sólo a aquellos que de verdad puedan apreciarlos.

OCEANÍA, UN OCÉANO SALPICADO DE ISLAS. LA ISLA DE PASCUA: LOS GIGANTES SILENCIOSOS

Ubicación geográfica

La isla de Pascua se ubica en el océano Pacífico, en el triángulo formado por la Polinesia, concretamente en su vértice suroriental. Los otros dos vértices serían Hawai y Nueva Zelanda.

Esta isla volcánica, con tres grandes conos volcánicos distribuidos por su geografía, ocupa una extensión de 115 km², sobre los cuales se extienden las famosas estatuas gigantes sobre las plataformas funerarias a las orillas de la isla.

En 1888 la isla fue anexionada a Chile, país al que aún pertenece, que consiguió convertir la isla en la sede de uno de los más grandes enigmas del mundo.

La fecha del enigma

Se calcula que las estatuas empezaron a construirse a partir del año 400 d.C., siendo éstas de formas variables. Fue hacia el año 1100 cuando empezaron a adoptar la característica forma estilizada de rostro humano con los lóbulos de las orejas muy grandes, con decoraciones que representaban tatuajes.

La historia de los tenebrosos gigantes con sombrero

En 1722 un buque holandés avistó una isla desconocida en medio del océano Pacífico donde el mapa señalaba que no tenía que haber nada más que agua. Al acercarse a la costa, la tripulación vio con asombro una larga hilera de gigantes de piedra que les daban la espalda, algunos de ellos con lo que parecían ser sombreros de color rojo. Cuál fue la sorpresa de estos holandeses cuando descubrieron que los habitantes de la isla estaban prácticamente en la edad de piedra.

Ese día, domingo de Pascua, fue el que inspiró el nombre con que se la conoce desde entonces.

Pasaron 50 años hasta que el famoso capitán Cook desembarcó en la isla acompañado de un hawaiano que pudo servir de intérprete con los nativos, que explicaron al lord británico que eran descendientes de aquellos que construyeron las estatuas, sus antepasados llegados al lugar hacía 22 generaciones.

Unos mil años antes de nuestra era, los que se han identificado como lapitas, una tribu de hábiles alfareros y navegantes, llegaron primero a las islas Fiji desde Nueva Guinea y desde allí se embarcaron rumbo a Samoa y Tonga. Unos cuatro siglos después sus descendientes fueron más al sur buscando islas deshabitadas para instalarse y formar nuevas tribus. Los lapitas eran navegantes muy experimentados, conocedores de las mareas y oleajes, por lo que dicha habilidad los convirtió en lo que hoy son los polinesios, que significa en su idioma «el pueblo de muchas islas».

Es probable que hacia el año 380 d.C. fuera Tuatomu, el hijo de un caudillo, el que arribó a la isla con varios de sus seguidores para instalarse por su cuenta. Seguramente tras una travesía que auguraba desastre, pues durante muchos días no habrían avistado tierra, dieron casi por casualidad con lo que ellos llamaron Te Pito Te Henua, el ombligo del mundo en su lengua, la isla de Pascua.

Se instalaron en la isla desierta y fue allí donde desarrollaron una enorme habilidad para tallar piedra, construyendo los ahu, plataformas funerarias de piedra ornamentada, perfectamente encastrada y tallada. En ellas dejaban el cuerpo del difunto y nadie se podía acercar hasta que por las aves y el viento era desposeído de toda carne. Luego todo el clan se reunía para enterrar los huesos bajo el ahu y celebrar una gran fiesta en honor del finado.

Como la tradición mandaba honrar de la mejor manera a los muertos, la técnica escultórica se fue sofisticando, buscándose materiales cada vez más elegantes y ornamentando las figuras humanas con pinturas para darles detalle y relieve. Estas estatuas que representaban al difunto, o al menos su cabeza, se empezaron a colocar al lado de las plataformas funerarias, haciéndose cada vez más detalladas y de mayor tamaño, y servían para proteger las familias, tierras y posesiones de cada clan.

Durante unos 600 años, la isla prosperó y desarrolló nuevos cultivos así como técnicas de construcción para mejorar viviendas y embarcaciones. Incluso los jefes de los clanes competían por conseguir erigir la mejor estatua de la isla.

Hacia el 1500 se calcula que surgió un nuevo culto en aquellas gentes, el del hombre pájaro Makemake, en cuyo honor se celebraba cada año una carrera por tierra y por mar que consistía en conseguir el primer huevo de gaviota tras su migración anual. Participaba un representante de cada clan, y el jefe de aquel que se erigía como ganador, se convertía durante un año en una figura ceremonial muy importante, que recibía grandes cantidades de presentes.

La teoría: el declive de una civilización sin medios

Muchos investigadores apuntan que el culto al dios Makemake posiblemente fuera el producto de la llegada de otras tribus a la isla, que se mezclaron con sus moradores originales portando con ellos sus propias creencias. No se sabe con certeza, pero lo que es seguro es que en el año 1600 estalló una cruenta guerra entre dos facciones de la isla.

Como siempre, nada bueno suele surgir de un conflicto bélico. El resultado fue un agotamiento progresivo y acelerado de los recursos naturales de la isla. Empezó por escasear la madera y a hacerse difícil reparar embarcaciones y, por tanto, la pesca, o construir buenas casas. Además, una tierra arrasada, sin árboles, se degenera, y con ella los cultivos. Escasearon entonces los alimentos y se llegó a la barbarie: el canibalismo. Sobre todo mujeres y niños capturados eran utilizados como alimento para sus captores. Además, los ahu empezaron también a quedar afectados por la destrucción de la guerra. Las estatuas yacían rotas y descuidadas, cuando antes se habían erigido orgullosas y bellas.

Parece ser que los vencedores, supuestamente «los orejas cortas», persiguieron y exterminaron a «los orejas largas», deshaciendo de paso toda posibilidad de sobrevivir dignamente en la isla.

Cuando llegaron los primeros navegantes europeos, en la isla sólo había miseria y escasez. Además, en 1862, esclavistas peruanos se llevaron a todo ser viviente útil de la isla a las minas de Perú, donde la mayoría de ellos murieron enfermos. Para más desgracia, aquellos que pudieron regresar trajeron consigo la lepra y la viruela, con lo que la población de la isla en 1877 era de 110 habitantes.

En 1960 llegó a la isla el arqueólogo norteamericano William Mulloy, que con su equipo consiguió restaurar y levantar la mayoría de las estatuas y devolverlas a su lugar original, de modo que estos gigantes volvieron a alzarse con orgullo para formar uno de los paisajes más mágicos del planeta.

Capítulo VI
AMÉRICA DEL NORTE

América del Norte, parte septentrional de América, el segundo de los cinco continentes del globo terráqueo por su extensión, comprende al Canadá (es el segundo país del mundo en superficie, después de Rusia), los Estados Unidos (cuarto) y México (decimotercero).

América del Norte está limitada por el océano Atlántico al este, al norte por el Ártico, al oeste por el Pacífico y al sur por el itsmo de Tehuantepec, en México, que la separa de América Central. Este conjunto comprende igualmente Groenlandia, la isla más grande de la tierra.

El navegante Americo Vespucci, quien efectuó expediciones sobre las costas del Nuevo Mundo entre 1499 y 1502, dio su nombre al continente americano.

Se piensa que los primeros pobladores de Norteamérica llegaron a esta parte del continente procedentes de Siberia, atravesando un puente terrestre, hace entre 40.000 y 25.000 años. Poco a poco fueron desplazándose hacia el sur y el este, viviendo de la caza de animales, como el maut o el búfalo gigante, y de los productos naturales que encontraban a su paso. Hace 10.000 años estos pueblos ya habían recorrido el continente.

En Norteamérica hay emplazamientos prehistóricos que presentan un gran parecido con asentamientos de épocas muy anteriores en otras partes del mundo. Además, tienen un encanto único y misterioso que siguen como en otros casos guardando sus secretos.

CHACO CANYON, EL ENCLAVE DE PUEBLO BONITO

Ubicación geográfica

Chaco Canyon está en el país de las Cuatro Esquinas, en la confluencia de los estados norteamericanos de Nuevo México, Colorado, Arizona y Utah. Se encuentra a 160 km al noroeste de Alburquerque, y a una distancia similar al sudeste de Mesa Verde. El cañón mide 19 km de largo y 1,6 de ancho.

La fecha del enigma

Los primeros pobladores llegaron a la actual región de nuevo México hacia el año 7000 a.C. Se trataba de pueblos nómadas que, cuando se introdujeron cultivos como el maíz, procedente de Centroamérica, se asentaron definitivamente en esta zona. Los anasazi vivían en cuevas excavadas en torno a una cámara ceremonial, pero hacia el año 700 comenzaron a edificar en la superficie, con lo que se dio inicio a la época de los pueblos.

Anasazi es un vocablo navajo que significa «los antepasados». En la actualidad estos pueblos rechazan ese apelativo como referencia a sus antepasados. Sus propios idiomas no comparten un nombre común para referirse a esa cultura, por lo que actualmente se utiliza el término «pueblos ancestrales».

La historia

El cine norteamericano le ha hecho siempre un flaco favor a su propia cultura ancestral (salvo muy raras excepciones cinematográficas), mostrando a los indígenas, sobre todo al principio, como beligerantes salvajes sedientos de sangre. Habría mucho que hablar, pero los genes son los genes, y en este caso la genética occidental está presente en lo que se refiere a la verdadera historia del pueblo de Norteamérica. Es decir, mirando por encima del hombro como casi siempre y destruyendo vestigios y cultura en aras de lo que algunos llaman progreso.

Durante cientos de años los primeros agricultores tuvieron bastante éxito en el área de las Cuatro Esquinas; sin embargo, hacia el 1300 de nuestra era, ya habían abandonado toda la región.

Las condiciones ambientales comenzaron a cambiar alrededor del 900 d.C. Las sequías constantes y las heladas mortales hicieron que la agricultura no fuese garantía de supervivencia. Las familias abandonaron el área para buscar un medio agrícola y una vida comunitaria de mejor calidad en otros lugares. Se continuó utilizando el área en menor escala, como lo hizo el Pueblo de Escalante, en el siglo XII.

En el cañón del Chaco se halla la mayor concentración de vestigios arqueológicos de Estados Unidos. El cañón se extiende por una árida zona de caparral, barrida, sin previo aviso, por violentas tormentas de polvo.

Pero hace 900 años disponía de agua suficiente para que floreciera la agricultura. Unas 10.000 personas habitan en el cañón, la mayoría de ellas en unas espectaculares y complejas ciudades de piedra llamadas pueblos.

La mayor de estas ciudades era Pueblo Bonito, complejo en forma de D situado frente al cañón; estaba construido por una serie de rectángulos (viviendas y almacenes) y de círculos (salas ceremoniales o kivas). Las kivas no tenían tejado para permitir la salida del humo y para que los hombres que se sentaran en su interior pudieran contemplar el cielo y aguardar la llegada del trueno.

Gracias a la dendocronología (el estudio de los anillos de crecimiento de los árboles) se ha podido determinar con exactitud la época en que se construyeron estas casas. La más impresionante de las 19 casas grandes es la de Pueblo Bonito, que se empezó a construir hacia el año 1000, como un conjunto de 20 habitaciones, pero hacia 1150 se había convertido en un gran complejo de 800 habitaciones comunicadas entre sí y con cuatro pisos.

La simetría y exactitud geométricas de las diversas fases indican un alto grado de planificación central. La mayoría de las viviendas del pueblo estaban formadas por habitaciones de 5 × 4 metros, con ventanas que daban al patio central. Las viviendas eran agradablemente frescas, a pesar del calor del desierto, gracias a sus paredes de piedra o ladrillos enfoscados con piedra de arsénico.

Los científicos han investigado la energía solar moderna aproximadamente 100 años atrás aplicada al calentamiento de las casas; sin embargo los primeros constructores de «Moctezuma's Castle», los antiguos indios norteamericanos, aplicaron la exposición a base del calentamiento solar. Sus principios eran aplicados con gran sofisticación y precisión, como en Pueblo Bonito.

Uno de los primeros asentamientos de los indios del suroeste construidos de 919 a 1180 d.C. ahora se encuentra en ruinas, pero muy bien conservado por el clima árido del desierto. Está basado en una sola estructura donde se albergaron 1.200 habitantes indios anasazi, dentro de una construcción semicircular de 158,49 metros de diámetro y una altura de cuatro niveles de construcción (16 metros). La determinación de los puntos en los planos geométricos se basó en la posición del sol en verano y solsticio de invierno.

Análisis matemáticos hechos por el profesor Ralph Knowles y estudiantes de la Universidad del sur de California revelaron que las casas Pueblo Bonito, en sus varias etapas de construcción (plataformas), están dimensionadas de tal manera que los muros de mayor espesor variaban dependiendo de la superficie de la exposición.

Con estas características le da un efecto de que la temperatura que mantiene dentro del edificio logre que la frescura se retarde para estar mejor en verano. Los muros y techos eran construidos variando sus espesores y composiciones para obtener el mayor beneficio rechazando el calor del sol en el exterior y manteniendo el frescor en el interior de la vivienda durante las noches. En invierno, por la inclinación de los rayos solares, el calentamiento del sol penetra en el interior de las casas, permitiendo únicamente el paso de la mayor cantidad de luz solar para calentar en invierno y tener cerradas las ventanas con una rendija para que pase lo necesario para la iluminación.

En el exterior, las áreas públicas disfrutaban durante el día de temperaturas altas, y por otro lado estaban protegidas (en invierno) de los vientos fríos; por ello el diseño de los muros en el plano con la estructura fue en forma de arcos.

La cultura de los navajos, el grupo más numeroso de indios americanos, deriva en gran parte de los pueblos que vivieron en el país de las Cuatro Esquinas hacia el año 1000. De ellos heredaron la agricultura, la pintura de arena, distintos rituales, la estructura matrilineal de los clanes y el arte de tejer. La turquesa es otro elemento característico de la cultura navaja, como lo fue en Chaco Canyon hace casi mil años.

Tan sólo en Pueblo Bonito se encontraron medio millón de fragmentos de turquesa.

El mantenimiento de la armonía con el mundo natural era la clave para la supervivencia de estos antepasados. La observación estricta del sol, la luna y las estrellas era esencial para la planificación de sus actividades como la época de la siembra y la preparación para el invierno.

Como en muchas otras sociedades agrícolas, los rituales se enfocaban en eventos anuales como el solsticio de invierno o el principio de la temporada de la cosecha.

Durante la primavera y el verano se dedicaban exclusivamente a la agricultura y la recolección de plantas silvestres. En otoño e invierno se dedicaban a la caza. Por lo que vemos, tal como en otras sociedades antiguas en el resto del mundo, sus creencias y celebraciones religiosos estaban asociadas a estas tareas.

La teoría: los túneles de los espíritus

En Chaco, toda comunidad contaba con una kiva; en pueblo Bonito había hasta 37. Se trataba de cámaras circulares subterráneas, con un hogar central y un techo de troncos. En el centro del techo había un orificio circular que servía tanto de chimenea como de entrada.

En las kivas se controlaba la vida espiritual de la comunidad de los anasazi; no se sabe con certeza si se celebraban rituales en ese lugar, pero en la mayoría de las kivas había un sipapu (pequeño hoyo en el suelo) detrás del hogar central.

Era creencia que los espíritus de los antepasados de la tribu surgían de aquel hoyo, que representaba el punto de comunicación con el mundo de los espíritus. El sipapu representaba el cordón umbilical de la madre tierra y el trayecto de las almas por el más allá. El carácter subterráneo de la kiva podría indicar que la religión anasazi incluyese la extracción de la energía de la Tierra, que llegaba a través del sipapu en forma de «espíritus». La energía se expandiría luego al mundo exterior por el «túnel de los espíritus» atravesando el fuego. Una vez afuera, influiría positivamente en las personas y en los cultivos.

Resulta fascinante que, visto desde el cielo, se divisen líneas de caminos en el país de las Cuatro Esquinas. Estudios recientes han confirmado que en realidad son una red de caminos construidos por gente que no tenía rueda ni bestia de carga. Se han trazado hasta la fecha más de 400 millas de caminos que se dirigen a otros pueblos que tienen una arquitectura como la de Chaco. Estos pueblos, más de setenta y cinco identificados hasta la fecha, tenían de alguna manera conexión con el cañón de Chaco, ya fuera cultural, religiosa, económica o política.

MISTERY HILL: ¿STONEHENGE EN AMÉRICA?

Ubicación geográfica

Cerca de 64 km al norte de la ciudad de Boston, y a 40 km del océano Atlántico, aparece el mayor enigma, y quizás el más viejo, megalítico de Norteamérica. La colina del misterio *(Mistery Hill)*, también conocida como el «Stonehenge de América», es un sitio que ha desconcertado a arqueólogos durante un siglo.

La fecha del enigma

Los fragmentos de la cerámica encontrados en la construcción han probado ser del año 1000 a.C. El carbón de leña hallado en un hoyo para el fuego, medido por el carbono 14, se dató en 4.000 años de antigüedad.

La historia: ¿celtas en América o un enorme fraude?

La historia reciente de la colina comienza con Jonathan Pattee. Pattee era un granjero que vivió en el lugar de 1826 a 1848. Hay muchas historias diversas y contradictorias sobre

Pattee, entre ellas que era un ladrón, que poseía un alambique ilegal, y hasta que fue un liberador de esclavos, a los que ayudaba a escapar desde una estación del ferrocarril del sur a la seguridad del norte.

Una cosa segura es que utilizó una de las estructuras como sótano o almacén para la casa que se había construido allí cerca.

Los rumores también decían que Pattee había construido las estructuras con la ayuda de sus cinco hijos, sin ninguna razón aparente, lo cual parece inverosímil puesto que una de las piedras fue encontrada bloqueada en el tocón de un árbol que había comenzado a crecer alrededor de 1769, mucho antes de que Pattee llegara.

En 1936 el sitio cayó en manos de Guillermo B. Goodwin, un investigador atrevido en sus teorías que afirmaba que los celtas irlandeses habían cruzado el Atlántico mucho antes que Colón y eran los responsables de las estructuras de la colina. Goodwin realizó su propia forma de «arqueología» en el lugar, librándose de cualquier evidencia que rebatiera su teoría. La pérdida de estos hallazgos es una de las razones por las que el enigma de la colina es tan profundo.

En la actualidad el lugar es administrado por la Fundación de Stonehenge de América, y está abierto a los visitantes. El precio de la entrada (la voluntad) se emplea para la conservación del lugar y para seguir investigando.

Esta construcción megalítica ocupa unas 12 hectáreas de una ladera, por la que se distribuye una serie de paredes bajas, cuevas parecidas a edificios primitivos y unos túneles que se desperdigan a partir de todo ello. Según un arqueólogo, construidos en una «confusión gigantesca y desorden infantil, a la vez que profundamente astuto aunque a todas luces primitivo».

Aunque a primera vista el emplazamiento se compara a Stonehenge, es físicamente muy diferente. Stonehenge está situado en un llano, no en una colina, y se distribuye cuidadosamente en una serie de círculos, de herraduras y de cuadrados concéntricos. La colina del misterio parece un revoltijo demente en comparación.

Las piedras británicas son más grandes, hasta de 50 toneladas. Las piedras de la colina del misterio son más pequeñas (la más grande es de cerca de 11 toneladas) y la construcción mucho menos intrincada.

Ambos sitios tienen algunos puntos comunes, eso es cierto. En primer lugar, sirvieron como observatorios. En ambos se han encontrado alineaciones astronómicas, incluyendo el solsticio de verano. En segundo lugar, no sabemos casi nada sobre los constructores de este misterio que sigue fascinando a todos los investigadores.

Pese a que no sabemos del cierto el tipo de ceremonias que pudieron haberse llevado a cabo en Stonehenge, sabemos algo sobre la actividad evidente en la colina. Una de las características principales del sitio es una piedra plana enorme, como una gran tabla, reclinándose sobre la tierra en cuatro patas. Alrededor del borde de la tabla existe un surco que conduce a un canalón.

Esta gran losa se llama la «piedra del sacrificio» y pudo haber servido ciertamente para tal función. El canal permitió probablemente que la sangre del sacrificio se vertiera lejos de la piedra, para no encharcar el sitio.

Por debajo de la piedra del sacrificio hallamos un eje de ocho pies de largo que lleva a un compartimiento subterráneo. Parece razonable pensar que éste permitió a un sacerdote escondido en el compartimiento hablar como la voz de un oráculo sin que nadie le descubriera. A una muchedumbre reunida alrededor del altar el sonido parecería flotar desde arriba de la piedra del sacrificio como la voz de algún dios que hablara desde los cielos.

Además del compartimiento del oráculo y de la piedra del sacrificio, el sitio tiene muchísimas otras cuevas y pasos artificiales. Por lo menos uno fue construido para guarecerlo de inundaciones. El propósito del resto de estas estructuras, menos una que parece ser una especie de bodega, es desconocido.

La teoría: contacto americano antes de Colón

¿Quién lo construyó? No se sabe. Los americanos nativos que vivían en el noreste antes que los europeos llegaran no construyeron en piedra. Los granjeros coloniales no llegaron al valle hasta 1730, y sabemos que la piedra bloqueada en el árbol es de antes de 1769.

Los 39 años de diferencia parecen además un *hobby* nada agradable para pasar el rato. Además, la piedra del sacrificio no parece caber en las creencias religiosas de los colonos...

¿Fue construido este sitio en épocas antiguas por gente de la que no sabemos nada? Eso parece, probablemente. Algunos plantean la teoría de que el sitio pudo tener contacto con las culturas griegas o fenicias del Mediterráneo. Desde luego, hay una semejanza inicial entre la construcción del oráculo en la colina del misterio y los encontrados en templos antiguos en Malta y Grecia.

La verdad es que puede que nunca sepamos quiénes construyeron este sitio, ni cómo utilizaron la información astronómica contenida en sus alineaciones, así como desconocemos lo que dijo la voz del oráculo. Por no hablar de qué, o quién, fue sacrificado en su altar duro, frío, grande, de piedra.

El laberinto de compartimientos artificiales, paredes y los lugares de reunión ceremonial, es una de las más viejas construcciones artificiales de los Estados Unidos y uno de los descubrimientos arqueológicos más fascinadores del siglo. La excavación en el lugar ha destapado una gama asombrosa artefactos prehistóricos: herramientas de piedra, cerámica, una Biblia y los grilletes quitados posiblemente a los esclavos que utilizaron el sitio como parada entre 1830 y 1840. Y, además, están los megalitos, alineados con una clara intención astronómica.

El Stonehenge de América es uno de los sitios megalíticos más grandes y posiblemente más viejos del continente. Como el de Inglaterra, fue construido por gente de la antigüedad muy versada en astronomía y la construcción de la piedra. Se ha determinado que el sitio es un calendario astronómico alineado exacto. Era y todavía puede ser utilizado para determinar los acontecimientos solares y lunares específicos del año.

LA CUEVA DE LA DONCELLA

Ubicación geográfica

Esta bonita a la par que trágica historia se desarrolló en una cueva a la que sólo se puede acceder por mar, que se encuentra en la parte este de Canadá bañada por el océano Atlántico (concretamente en el condado de Cumberland, estado de Nueva Escocia), ahora conocida como «cueva de la sirena».

La fecha del enigma

La leyenda que dio fama inmortal a esta cueva y a su doncella virginal data del siglo XVII, algunos apuntan que entre los años 1650 y 1680, aproximadamente, época en que los océanos seguían estando infestados de piratas, corsarios y bucaneros de toda condición.

La historia de una mujer valiente

La cueva de la doncella es una de las leyendas canadienses más populares, que forma parte del folklore relacionado con los misterios marítimos de este país norteamericano. La historia honra el valor de una mujer joven que por su valor acabó en las entrañas de una cueva en la que aún hoy en día, dicen los marineros, se la puede escuchar lamentarse de su suerte.

De la cueva de la doncella, cuando el viento es fuerte, surgen sonidos extraños que se asemejan al grito de una muchacha joven desesperada. Dichos sonidos recuerdan el sino de una muchacha encantadora que murió en la cueva hace siglos.

La leyenda transcurre en esos lejanos días en que muchos piratas gobernaron los mares. Entre ellos, se hallaba un despiadado pirata italiano llamado Deno, que pasaba ante las orillas de Nueva Escocia cuando divisó una nave británica. Tras la batalla marítima, el buque inglés sólo pudo asistir impotente al abordaje de su nave mientras los piratas procedían a matar a todo el que estuviera a bordo, a excepción de la hija del comandante, una bella joven que cayó en las garras de aquellos infames lobos de mar.

En Deno despertó un interés especial la hija del comandante, un interés poco correspondido por la muchacha, que acababa de ver como éste mataba a su padre ante sus ojos.

Aunque Deno era un pirata despiadado, trató de ganar el afecto de la muchacha intentando ser desde entonces un caballero atento y encantador. La muchacha no podía olvidar la muerte de su padre y, en cuanto tuvo ocasión, intentó matar al pirata. Pero, poco acostumbrada a la violencia, su intento fue rápidamente frustrado.

Deno montó en cólera y envió a la muchacha a la muerte mandándola caminar por la plancha, un tablón cuyo único destino era el mar embravecido. Sin embargo, el destino quiso que la doncella tuviera otra oportunidad, pues, cuando parecía que tendría que saltar para ser devorada por las aguas, los piratas divisaron una nave de guerra británica en la distancia y tuvieron que aplazar su «diversión». La encerraron en su cabina mientras la nave del pirata escapaba, con la ayuda de una tormenta repentina, de una lucha que seguramente hubiera resultado fatal, al tratarse esta vez de una enorme y preparada goleta inglesa armada hasta los dientes.

La tormenta condujo la nave del pirata a la bahía de Fundy, un punto muy peligroso para la navegación cerca de la ciudad de Parrsboro. Al llegar la luz del día, los piratas miraron con los ojos muy abiertos algo que no podían creer. La arena de la playa, por lo que podían ver, parecía brillar gracias a infinidad de joyas en las que se reflejaba el sol de la mañana. Los piratas llegaron rápidamente a la costa para recolectar su tesoro.

Una vez recogidas las joyas, que parecían haber llegado allí tras un naufragio, Deno dio a la muchacha una ocasión más para ser su novia, ofreciéndole ahora no sólo las joyas, sino también una vida nueva lejos de la piratería y los mares. La muchacha declinó la oferta.

Entonces Deno montó de nuevo en cólera y llevó a la muchacha a tierra y la condujo a una cueva en el extremo de la playa, donde la arrojó y selló la única entrada por la que se accedía desde tierra firme.

Desde entonces, la pobre doncella, o más bien su espíritu o alma en pena, sigue allí en la cueva, llorando su suerte a los marineros que pasan por delante, que la pueden oír claramente cuando el viento les es favorable. La leyenda dice que la doncella protege a los marineros honrados, pero que los piratas que pasaran por aquella zona estaban destinados a sufrir terribles catástrofes en sus naves, cuyos supervivientes se veían atraídos a la cueva por su entrada marítima para no ser vistos nunca más.

Aún en la actualidad la leyenda sigue viva entre los marineros locales, que invocan a la doncella cuando la tormenta o las corrientes zarandean sus barcos cerca de la bahía.

La teoría: la voz del viento

Aunque parece ser que la historia, en su mayor parte, pudo ser cierta, es lógico pensar que los elementos más fantásticos son obra de la imaginación de un romántico (y cruel, por cierto) narrador.

Está comprobado que, efectivamente, existió un pirata italiano llamado Deno que navegó por esas aguas en aquella época y luego desapareció como por arte de ensalmo, y que además de despiadado tenía fama de enamoradizo, para desesperación de su tripulación.

También es cierto que la llamada cueva de la doncella emite los días de ventolera unos sonidos escalofriantes que se pueden oír desde mucha distancia, pero que, lejos de pertenecer a un alma en pena, se originan a partir de los diversos respiraderos que posee la gruta, resultando que el aire que se cuela por ellos produce los sonidos que desde hace siglos oyen las gentes del lugar.

No hay entrada, al menos que se haya descubierto hasta la fecha, desde la que se pueda acceder desde tierra, pero muchos submarinistas e incluso geólogos marinos han accedido a ella desde el océano y, desde luego, ningún espíritu les ha asaltado en la cueva profiriendo gritos de venganza. Si bien es cierto que quizá todos ellos eran buenas personas. Quién sabe lo que podría pasar si algún pirata se acercara por allí...

Capítulo VII
CENTROAMÉRICA

América Central es una región constituida por un largo y estrecho istmo que forma una pasarela entre América del Norte y América del Sur. América Central abarca una superficie de unos 520.000 km^2 y comprende, de norte a sur, además de la península de Yucatán, en México, siete Estados: Guatemala, Belice, El Salvador, Honduras, Nicaragua, Costa Rica y Panamá.

El límite geológico de América Central se sitúa en el istmo de Tehuantepec, en el sur de México. Esta estrecha sección separa las rocas volcánicas del noroeste de las estructuras de pliegues y de las grietas de América Central. Al sur, el valle de Atrato, en Colombia, país de América del Sur, marca el límite con América Central.

Aparte de la península de Yucatán, Centroamérica es extremadamente estrecha, menos de 500 km de ancha. Un canal, el de Panamá, une el océano Atlántico con el Pacífico. La parte más grande presenta un relieve accidentado y montañoso, con más de cien volcanes, de los cuales algunos sobrepasan los 4.000 metros de altitud, la mayoría de ellos inactivos; el Tajumulco, en Guatemala, es el volcán más elevado, con 4.211 m de altitud.

América Central es una de las zonas volcánicas más activas de América. Altas crestas montañosas dominan abruptamente la estrecha planicie costera que bordea el océano Pacífico y descienden en pendiente más suave hacia una vasta zona baja, bordeando el mar de las Antillas. Dos principales pasos intraoceánicos atraviesan las mesetas de América Central, uno en Nicaragua (desde la desembocadura del San Juan hasta el lago de Nicaragua) y el otro en Panamá (a lo largo del canal de Panamá).

Los pobladores de estas tierras llegaron desde el norte, primero desde Siberia, hace unos 40.000 años. El primer gran pueblo que se instaló en Centroamérica fueron los olmecas en el año 1.200 antes de Cristo. Ellos fueron los antecesores de la primera gran civilización de todo el continente americano, los mayas, que ocuparon gran parte de México, Guatemala y El Salvador, siendo un pueblo guerrero y también muy avanzado para su época, responsable de la construcción de las primeras ciudades y templos de piedra.

Los mayas estaban formados por diversos grupos que compartían una tradición histórica común. Consecuentemente, los rasgos de su cultura eran similares, aunque había variaciones locales específicas. Tenían características físicas similares y hablaban idiomas que pertenecían a la misma raíz lingüística.

Los estudios de la lengua maya han conducido a la conclusión de que, alrededor del 2500 a.C., un grupo hablaba lo que han llamado los investigadores «proto-maya», que en el curso del tiempo se subdividió en diversas ramas del idioma maya. Varios grupos emigraron y se instalaron en diversos sitios que definirían luego el área de influencia maya y originarían más adelante su cultura avanzada. Estas migraciones causaron la separación de diversos grupos y su contacto con otras culturas, sobre todo los olmecas, con los que acabaron por mezclarse del todo.

Tras los mayas llegarían los que fueron uno de los pueblos más avanzados de su recóndita época, el azteca. En las orillas e islas del lago Texcoco se desarrolló la civilización azteca, la unidad política más importante de toda Mesoamérica cuando llegaron los españoles. Los aztecas son herederos de la tradi-

·ción cultural de los toltecas, que sirven de nexo entre la cultura azteca y la maya.

Los aztecas, que se hacían llamar a sí mismos «mexicas», llegaron del norte y se asentaron en la cuenca del Texcoco a mediados del siglo XII, fundando su capital, Tenochtitlán, en 1325. La palabra «azteca» tiene su origen en una legendaria tierra del norte llamada Aztlán. Según cuenta la leyenda, los aztecas abandonaron esta mítica Aztlán por orden de los dioses y debían instalarse allí donde encontrasen un águila devorando a una serpiente.

El azteca fue un pueblo que, mediante alianzas militares con otros grupos y poblaciones, conoció una rápida expansión y dominó el área central y sur del actual México entre los siglos XIV y XVI, si bien es cierto que en un primer momento, tras su llegada, tuvo que enfrentarse a otros pueblos ya asentados en la zona. Tras la muerte de Moctezuma en 1520, se puso de manifiesto la debilidad de este gran imperio, derivada de aquella rápida expansión: no podían controlar aquel vasto territorio; las divisiones internas entre provincias y las tensiones y ambiciones independentistas de algunos pueblos facilitó a los españoles, dirigidos por Hernán Cortés, la conquista de este gran imperio, que culminó en 1521.

CHICHÉN ITZÁ, LA MEZCLA ENTRE HISTORIA Y MITO

Ubicación geográfica

Esta ciudad maya se sitúa a 123 kilómetros al sureste de Mérida (México), en la península de Yucatán.

La fecha del enigma

Su construcción se data, aproximadamente, en el año 1100 d.C.

La historia de la ciudad del dios guerrero

Chichén Itzá es uno de los emplazamientos toltecas más completos y complejos, pues difiere en muchas cosas de la mayoría de las ciudades de su época. Este hecho ha llevado a pensar que en realidad eran mayas muy influenciados por toltecas, o bien al contrario. Las plazas son más grandes, los estilos artísticos distintos, que marcan dos fases de construcción totalmente diferentes, algo que no ocurre en ninguna otra ciudad del pueblo maya, aunque sí coincide un poco más con la tradición tolteca.

Mito e historia se confunden en este lugar, pues en el año 968 llegó a la ciudad su nuevo gobernante, Quetzacoatl, lo que aclara la profusión de grabados referentes al dios serpiente, pues ésta es la forma del dios de mismo nombre, el de una serpiente emplumada. Ahí se halla la contradicción, pues Quetzacoatl era un dios pacífico, y el jefe era una auténtica máquina bélica.

Pese al carácter pacífico de su dios, se ofrecían a él sacrificios humanos, como los de los perdedores del juego de pelota, que eran decapitados tras acabar el juego. El centro del culto al dios era el templo en el centro de la ciudad, un edificio impresionante de 24 metros de altura de cuatro escalinatas laterales que llevaban a lo alto. Era también un edificio pensado para ser utilizado como calendario, pues las escaleras tenían 365 escalones que iban de la plaza al templo y los relieves muestran los ciclos solares y lunares.

La teoría: decadencia de los toltecas/mayas

Chichén Itzá fue abandonada por sus habitantes en 1224, y no fue ocupada por los aztecas, el imperio posterior, algo que trae de cabeza a investigadores de todo tipo, pues era una ciudad moderna perfectamente conservada que ningún ejército había arrasado.

Es cierto que los toltecas nunca llegaron a ser un imperio unificado, lo que pudo llevarlos a una decadencia sin posibilidad de apoyo por otras ciudades aliadas, por el mero hecho de que no existían, sólo quizá Tula, pero este emplazamiento fue destruido por un incendio en el siglo XII.

PALENQUE, EL TEMPLO DE CEREMONIAS DE LOS MAYAS

Ubicación geográfica

En el estado mexicano de Chiapas, cubierto por la densa selva tropical y al pie de unas colinas, se halla la ciudad de Palenque, uno de los centros más importantes del pueblo maya. Se encuentra en la península de Yucatán, cerca de la frontera con Guatemala.

La fecha del enigma

Se calcula que su construcción se inició a principios del año 600 d.C.

La historia de la ciudad del «astronauta»

Palenque era sobre todo el centro ceremonial maya, donde se celebraban los cultos más importantes de esta cultura. En esta ciudad destaca por encima de todo el Palacio de Palenque y el Templo de las Inscripciones.

El palacio era laberíntico, repleto de estancias y galerías en las que perderse al mínimo despiste, que acaban por conducir a una torre de cuatro pisos de altura desde donde los mayas estudiaban el cielo y de paso les servía como punto elevado de vigilancia desde el que divisaban casi todo el valle. Destacan también los tres templos en forma de pirámide escalonada que reciben el nombre de Templo del Sol, de la Cruz y de la Cruz Foliada, respectivamente. En la sala de cada templo existe un santuario en el que se halla una tablilla de piedra con jeroglíficos, además de figuras humanas y objetos ceremoniales.

Pero el más notable de todos los templos es el ya citado Templo de las Inscripciones, un edificio imponente de 20 metros de altura, también de forma piramidal, sostenido por cuatro pilares que representan figuras humanas de tamaño natural con niños en brazos.

No había muchas noticias sobre este templo hasta que en 1949 el arqueólogo mexicano Alberto Ruz Llhuillier halló una gran losa de piedra en el suelo que dejó al descubierto, una vez retirada, una escalera. Tres años tardaron en poder desbloquear la escalera de escombros, pero desde luego valió la pena. Al final de la escalera halló una lápida triangular dispuesta en vertical y seis cadáveres de posibles víctimas de sacrificios humanos. Al retirar la losa, el arqueólogo encontró una tumba que permanecía intacta desde hacía más de mil años, una especie de gruta de piedra lisa, perfectamente tallada, pero en la que se habían formado estalactitas y estalagmitas.

Fue en este mausoleo donde se encontró la célebre lápida de piedra de 5 toneladas de peso que servía de tapa a un sarcófago, dentro del cual se hallaban los restos de un hombre muerto a los 40 años al cual habían cubierto con joyas de jade y con una lujosa máscara con incrustaciones de obsidiana y nácar. Más tarde, una vez descifrados los jeroglíficos, pudimos saber que se trataba de Pacal, un rey maya que gobernó Palenque a principios del siglo v.

Pero Palenque sobre todo es célebre por la lápida del «astronauta». Esta pieza incomparable del arte maya ha hecho correr ríos de tinta, pues muchos han querido ver en ella una representación de un extraterrestre en su cápsula espacial.

La teoría: ¿casualidad o naves extraterrestres en la antigüedad?

El fenómeno se dio sobre todo a partir de la publicación del libro *Recuerdos del Futuro* del controvertido Eric Von Daniken, en el que aseguraba que todos los elementos representados en la lápida correspondían a la visión de unos primitivos mayas de lo que sería la cabina de una nave espacial, con su tripulante a los mandos, rodeado por los instrumentos de navegación y con la estela de la nave al propulsarse en la parte inferior, entre otros elementos.

Ciertamente, es curiosa la semejanza que pueden tener estas tallas con lo que hoy es una cabina de una aeronave, pero desde luego es una interpretación que necesita mucha fe y pruebas. De lo segundo no hay nada definitivo, sólo muchas teorías que no demuestran nada, la más común de las cuales dice que los mayas fueron visitados por seres de otro planeta que les permitieron ser una civilización muy avanzada para su época.

Los arqueólogos desestiman las teorías fantásticas y abogan por la más lógica: la lápida representa el tránsito del alma al más allá, y en este caso concreto la conversión de un rey maya en un dios.

TENOCHTITLÁN, LA CAPITAL DE LOS AZTECAS

Ubicación geográfica

Está situada en lo que hoy es la actual capital, Ciudad de México.

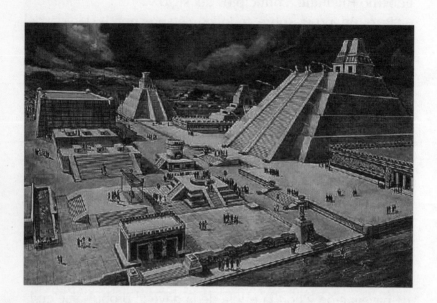

La fecha del enigma

Los aztecas se instalaron en el territorio allá por el año 1300, y fundaron su capital Tenochtitlán un siglo más tarde.

La historia de la Venecia mexicana

Los aztecas llegaron de Aztlán (de ahí viene su nombre) en un momento de gran confusión de guerras territoriales. Descendientes de las guerreras tribus del sur y de los crueles pero civilizados olmecas, se hicieron fuertes en la zona gracias sobre todo a sus fieros y despiadados guerreros.

Tan bárbaros eran los aztecas que fueron expulsados de sus tierras por sus vecinos, comenzando así un período nómada que concluyó con la fundación de su capital Tenoch-titlán. La leyenda cuenta que sus dioses, viéndolos vagar sin rumbo por México, les ordenaron que fundaran una ciudad en el sitio en que vieran un águila posándose en un cactus mientras devoraba a una serpiente. Cien años les costó a los aztecas encontrar dicha señal, pero, cuando la hallaron, empezaron a construir Tenochtitlán, que significa «el sitio del cactus».

Bien inhóspito era el lugar que escogieron para edificar: unas tierras pantanosas tan poco adecuadas como las de la ciudad italiana de Venecia. Aún así, ofrecía ventajas: miles de aves salvajes que servían de alimento y un suelo fértil en el que cultivar. Pero tuvieron que negociar con sus enemigos, los tepanecas, para conseguir materiales de construcción, lo que les costó su independencia durante lo que duró erigir Tenochtitlán. Pero una vez que las obras terminaron, se sacudieron el yugo de sus vecinos y se convirtieron en el pueblo más temible y poderoso de México.

En el momento de su apogeo, en el siglo XVI, la ciudad era una extensa metrópoli muy bien organizada, dividida en barrios en los cuales se instalaban los diversos gremios de artesanos, comerciantes, etc., mientras que en otros se instalaban los obreros, de nivel social más bajo que los anteriores. Cada barrio tenía su templo, su escuela e incluso un representante en el gobierno.

La mayoría de las grandes calles eran canales acuáticos, que se podían cruzar gracias a los numerosos puentes que conducían a las calles pequeñas. Se utilizaban canoas para desplazarse de un sitio a otro de la ciudad, mientras que el contacto con el continente se aseguraba mediante tres amplios caminos. La ciudad también poseía acueductos y canalización que transportaba el agua potable a todo sitio que lo necesitase.

En el centro de la ciudad estaba la zona de los templos, rodeada de un gran muro coronado por cabezas de serpiente talladas. En su interior se alzaban los templos de Quetzacoatl, el dios serpiente emplumada, de Tezcatlipoca y Ciuacoatl, la diosa madre, además del heredado juego de pelota de mayas y toltecas y también un depósito en el que se amontonaban macabramente cientos de calaveras de las víctimas sacrificadas.

Pero el edificio más importante e impresionante era la gran pirámide, donde se hallaban los templos del dios de la guerra y el sol Huitzilopochtli y el de la lluvia Tlaloc. Sus 30 metros de altura dominaban la ciudad y sus alrededores.

La teoría: la debilidad de Moctezuma

Cuando los españoles llegaron en 1519, Tenochtitlán era habitada por 200.000 personas. Para hacernos una idea, en aquel momento, la ciudad española más poblada era Sevilla, con sólo 15.000.

Es extraño que el emperador azteca Moctezuma y el conquistador español Hernán Cortés llegaran a entenderse, siendo de culturas tan dispares, pero lo cierto es que los españoles fueron bien recibidos y dispusieron de libertad de movimientos por Tenochtitlán durante un año. Las cosas empeoraron cuando Cortés se marchó y los aztecas, no contentos con su sucesor Alvarado, intentaron expulsarlos. Cortés volvió y sofocó el alzamiento, obligando a Moctezuma a desistir de sus intenciones. Esta decisión le costó la vida al emperador, pues su falta de carácter hizo que sus propios compatriotas y durante mucho tiempo siervos, le lapidaran de manera vergonzosa hasta morir.

Al final Cortés fue presionado por el gobierno español para tomar la capital azteca, cosa que consiguió con la ayuda de aliados de la zona que se cambiaron de bando ante el poderío del español y sus tropas. Gracias a los refuerzos, Cortés pudo asediar la ciudad cortando el suministro de agua y entró en Tenochtitlán a sangre y fuego, arrasando la maravilla arquitectónica del pueblo azteca, que desde entonces se desperdigó por el país hasta desaparecer.

Capítulo VIII
SUDAMÉRICA, EL CONTINENTE EXPOLIADO

Sudamérica es una masa compacta de tierra rodeada de agua por todas partes menos por el norte, en su frontera con Centroamérica. Las costas son bastante regulares menos en Chile, donde existen escarpados acantilados e islas pequeñas desperdigadas por toda la costa.

El continente puede dividirse en las siguientes regiones físicas:

1. El sistema montañoso de los Andes, que consiste en varias cadenas de montañas de diversos tamaños y composición. Su parte más alta es el pico del Aconcagua, de 6.960 m de altitud.
2. Los terrenos elevados de la vieja masa continental, con elevaciones en el interior de hasta 6.000 metros, que englobarían el este y nordeste de Brasil y la Guayana.
3. El valle del río Orinoco, tierras tropicales que delimitan los Andes venezolanos y la Guayana.
4. El Amazonas, que se extiende en 3.200 km desde las montañas de los Andes hasta el océano Atlántico, separando las islas brasileñas y la Guayana en un mar casi encerrado.
5. La Pampa, correspondiente a Argentina, Paraguay y Bolivia, que ocupa una enorme bahía en el Atlántico.
6. La Patagonia en el sur, consistente en un terreno que se eleva desde el Atlántico hasta las montañas de los

Andes, una tierra inhóspita, glacial, azotada por los vientos y la lluvia.

Se cree que los primeros pobladores del continente americano llegaron a través de Siberia, hace ahora unos 40.000 años. Poco a poco se fueron distribuyendo por todo el continente americano hacia el sur, viviendo de la caza y la pesca. En 10.000 años habían ocupado todo el continente.

Allá por el 1200 a.C. la cultura olmeca empezó a desarrollarse en México, y dio como resultado la cultura maya, que se instaló en lo que hoy es Guatemala, la península de Yucatán y partes de El Salvador y Honduras. Luego vendrían otras grandes civilizaciones, los mayas y los aztecas, como ya hemos explicado en el capítulo anterior. Y tras ellos, los incas, uno de los grandes pueblos de la historia antigua al que debemos las maravillas de Machu Picchu, entre otras.

La historia quiso que Sudamérica fuera «descubierta» por europeos ávidos de expansionarse en busca de nuevas tierras vírgenes que explotar; flaco favor el que le hicieron a este continente, pues poco a poco las mejor preparadas tropas españolas y portuguesas consiguieron aniquilar las florecientes civilizaciones indígenas para instaurar nuevas normas. Desde entonces el continente ha sido y sigue siendo una tierra continuamente expoliada por todos en beneficio de un supuesto bien común, arrasando sus bosques y sumiendo en la miseria a millones de personas.

La historia de Sudamérica se ha escrito siempre con mucha sangre, con multitud de guerras que han enfrentado a sus pueblos, diezmando sus posibilidades de convertirse en parte del «primer mundo». Los gobiernos democráticos han tenido y tienen que lidiar con intereses extranjeros, con el narcotráfico y contra la propia necesidad de su pueblo.

Aun así, el continente sigue conservando, cuando le dejan, toda su magia ancestral, todos sus secretos bien guardados en sus escarpadas montañas o en sus impenetrables junglas. El corazón de Sudamérica, aunque cada vez menos, sigue latiendo con fuerza.

MACHU PICCHU: LA FABULOSA
CIUDADELA INCA

Ubicación geográfica

El santuario histórico de Machu Picchu se ubica al noroeste de la ciudad de Cuzco, a 112 kilómetros de la ciudad, en la cresta del cerro de Machu Picchu, a 8,5 kilómetros por carretera firme hasta la misma ciudadela. Se encuentra en el distrito de Machu Picchu, provincia de Urubamba, departamento de Cuzco, y abarca una extensión de 32.592 hectáreas que representa el 0,42% del territorio. La ciudadela está enclavada sobre una montaña con grandes precipicios a los lados, lo cual facilita una vista maravillosa del valle de

Urubamba y constituye una magnífica defensa natural frente a posibles enemigos del pueblo inca. No olvidemos que, a pesar del marcado carácter místico del enclave, sus habitantes debían proteger el imperio que poseían.

La fecha del enigma

La ciudadela de Machu Picchu permaneció oculta durante cuatro siglos, hasta que Hiram Bingham la descubrió en 1911, al liberarla de la vegetación que la había cubierto durante tanto tiempo. Si nos ceñimos a la duración del esplendor de la ciudadela, vemos que es más bien corto, apenas 134 años: entre 1438 y la llegada de los españoles en 1572. La causa de su desaparición es un enigma. Hay varias posibilidades, pero la más probable es que, al ser una comunidad tan aislada, una epidemia acabara con todos sus habitantes. Ésta es una teoría mucho más probable que la de un final violento ya que no hay signos evidentes de violencia ni revueltas populares. Aunque lo que pasó en realidad seguramente nunca lo sabremos.

La historia de un enclave sagrado

Lo primero que llama la atención de esta construcción es su enormidad. Su colosal aspecto nos demuestra que es una verdadera obra de ingeniería. El estilo de sus construcciones es inconfundiblemente inca, pero sus orígenes siguen siendo un misterio. Todo ello nos hace preguntarnos quién construyó esta maravilla de la arquitectura. Los incas no conocían la rueda ni la escritura y, sin embargo, crearon un imperio que se extendía a lo largo de 3.680 km en las estribaciones de los Andes.

Su emplazamiento rocoso hizo que la arquitectura de este enigmático pueblo se adaptara a las circunstancias del entorno. La mayoría de las casas eran de construcción sencilla, de una sola planta, y casi todas tienen forma trapezoidal, para adaptarse a las líneas del terreno.

Por lo que sabemos, Machu Picchu no era el centro urbano, sino más bien el centro sagrado de los incas. Se componía de una increíble variedad de templos, palacios y miradores u observatorios, y en ellos habitaba la clase alta inca. Al oeste de la ciudad se ubica la Intihuatana o piedra sagrada. Se trata de una pequeña pirámide allanada en cuyo centro se encuentra un gran reloj de sol, tallado en piedra, de una belleza espectacular.

Desde allí los sacerdotes hacían sus predicciones y seguían los movimientos de los astros. Contiene también un altar con un pilar de piedra, seguramente alineado con el sol en el solsticio de verano. Los incas rendían culto al sol y su dios se llamaba Inti, al que adoraban por ser el que simbolizaba la vida nueva y la fertilidad.

La teoría: el misterio de un abandono

Cuando en 1911 Hiram Bingham descubrió entre la espesa vegetación esta ciudad magnífica, se dio cuenta de que no eran unas ruinas cualesquiera. Descubrió numerosos objetos de piedra, bronce y cerámica, pero nada de oro o plata. Pero se cree que debieron existir innumerables tesoros.

No es probable que los españoles se llevaran nada porque nunca llegaron hasta Machu Picchu. El abandono de la ciudad por parte de sus habitantes a finales del siglo XV, poco antes de la llegada de los españoles, es uno de los mayores misterios que conocemos, según opina el investigador peruano Víctor Anglés Vargas.

Se sabe que las diversas tribus que habitaban la zona se enfrentaban a menudo provocando sangrientas guerras, lo cual llevaba a la aniquilación de comunidades enteras. Otra teoría apunta a que un sacerdote novicio violara a una de las sagradas *ajllas* o vírgenes del sol. Este hecho, según las costumbres incas descritas detalladamente por el inca Garcilaso de la Vega, era motivo de pena de muerte no sólo para el violador, sino para todo su entorno: familiares, vecinos, sirvientes y habitantes de la ciudad. No quedaba nadie.

Una última teoría indica que las epidemias eran bastante frecuentes y una de ellas podría haber acabado con toda su población. Hiram Bingham encontró el esqueleto de una mujer que murió de sífilis, y desde hace pocos años se están realizando análisis científicos de otros cadáveres encontrados en Machu Picchu que podrían arrojar alguna luz sobre la misteriosa desaparición de los pobladores más enigmáticos del sur de América.

TIAHUANACO: LA CIUDAD DE LOS DIOSES

Ubicación geográfica

A poco más de 70 kilómetros de La Paz, capital de Bolivia, y prácticamente al lado de la frontera con Perú, se halla este enorme conjunto de ruinas que ocupa una superficie aproximada de 50 hectáreas llamado Tiahuanaco,

situado a unos 3.880 metros sobre el nivel del mar y al suroeste del lago Titicaca. Se trata de un paisaje desolado flanqueado por dos inmensas cadenas montañosas al este y al oeste, que alcanzan más de 4.700 y 6.000 metros, respectivamente.

La fecha del enigma

La pregunta sobre el origen de las ruinas se plantea desde la llegada de los españoles. Los habitantes indios de aquella época no saben dar una información certera, sólo que fue edificada por unos gigantes antes del diluvio y en una sola noche. Asimismo, decían que fue destruida por un terremoto o por los rayos del sol.

Así, hay algunos investigadores que creen que el origen se remonta a 300.000 años y que fue construida por una raza humana gigante. Lo cierto es que, debido a las inclemencias del tiempo, terremotos y la constante expoliación de las ruinas de este gran imperio, se ha hecho muy difícil estimar su fecha de origen. Algunos datan el origen de Tiahuanaco en torno a los 3.000 años, pero hay otras teorías que se remontan a los 14.000 años, como la de Arthur Posnansky, que llegó a esta conclusión tras hacer minuciosas mediciones de las ruinas.

La historia: las ruinas más altas de América

Las leyendas locales, junto con la escasa información de la que se dispone, han facilitado la creación de las teorías más extravagantes acerca de la historia de Tiahuanaco. A comienzos de la década de 1950, Denis Saurat sostiene una increíble teoría que indica que hace 3.000.000 de años la Luna habría estado tan cerca de la Tierra que su influencia habría provocado la creación de una raza de gigantes de 3 metros de estatura.

Al mismo tiempo la Luna habría favorecido la formación de un anillo de aguas oceánicas alrededor del planeta que se elevaba a más de 3.000 metros en la región andina.

En cambio, en 1960 el teórico Beltrán García se remonta a cinco millones de años para datar el origen de estas ruinas, cuando una nave extraterrestre originaria de Venus trajo unos seres venusinos para que se quedaran a vivir en nuestro planeta.

Y luego está la Atlántida: ciertos exploradores de otros mundos se aposentaron en la Tierra y gracias a ellos se crearon las grandes civilizaciones antiguas, y Tiahuanaco no sería más que una colonia del famoso continente perdido de la Atlántida.

Entre los años 800 y 1000 de nuestra era se sitúa el apogeo del imperio de Tiahuanaco, época en la que ejercía el dominio militar y estratégico sobre los Andes peruanos. Su religión, muy ligada a los asuntos políticos, estaba basada en el culto al Sol y ejerce gran influencia sobre la población en general. El monumento más representativo de esta cultura es la Portada del Sol, que consiste en un gigantesco bloque de piedra de unas 13 toneladas de peso y decorada con un fresco.

La teoría: gigantes o venusinos

La teoría más científica elaborada hasta ahora a partir de análisis realizados con carbono 14 en la década de 1960, nos muestra cuatro fases en el desarrollo de Tiahuanaco: una fase de formación, desde aproximadamente el año 1000 a.C. hasta el año 133; una fase urbana (133-374); una fase imperial (374-724), y una fase de expansión que termina de forma repentina en el siglo XIII.

También se plantea otro misterio respecto al transporte de los enormes bloques de piedra que utilizaban para hacer las estatuas y los ídolos y para edificar los monumentos. El más pesado de ellos es una masa en un solo bloque de 131 toneladas.

Los teóricos se han preguntado durante mucho tiempo cómo era posible desplazar semejantes pesos entre distancias tan considerables. Los mitos indios cuentan que un mago hizo volar las piedras por los aires al son de una trompeta. En cambio, algunos contemporáneos pensaban que era posible gracias a la intervención de extraterrestres o los gigantes. El arqueólogo boliviano Carlos Ponce Sanginés demostró, tras diversos experimentos, que 20 hombres son capaces de arrastrar con cuerdas un peso de una tonelada. Teniendo en cuenta que los indios tenían buenas técnicas para trenzar con fuerza las cuerdas, es posible que, con muchos hombres, fueran capaces de arrastrar varias toneladas.

Pero hay más misterios sin resolver respecto a esta ciudad: parece ser que fue abandonada de forma repentina y no se sabe por qué. Tampoco está muy clara su función, y hasta el momento se ignora si era un importante centro político o un lugar religioso.

LAS PISTAS DE NAZCA

Ubicación geográfica

Nazca está equidistante de Lima, de Machu Picchu y del lago Titicaca. Entre el océano Pacífico y los Andes se extiende el desierto de Nazca, que abarca una extensión de 520 kilómetros, donde se pueden contemplar enormes dibujos de animales y gigantescos diseños geométricos. Su situación exacta se encuentra entre los kilómetros 419 y 465 de la carretera Panamericana del sur de Perú, cerca de la propia ciudad de Nazca, que fue fundada por el virrey García Hurtado de Mendoza en 1595.

La fecha del enigma

La opinión más común al respecto es que todo el conjunto de las líneas de Nazca se realizaron progresivamente entre los años 300 a.C. y 900 d.C. Parece ser que las inscripciones se diseñaron en dos etapas, ya que se ha observado que algu-

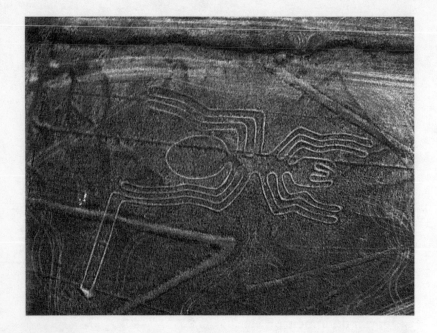

nos dibujos de animales son anteriores a las líneas, es decir, que éstas fueron trazadas sobre aquéllos. La primera etapa es la llamada «de representaciones animales y otras figuras», y la segunda «de trazado de líneas».

La historia: enormes dibujos en el desierto

Se trata de un conjunto de cientos de metros de dibujos y trazados diversos de animales y figuras geométricas de diferentes tamaños y formas que a simple vista no parecen haber sido diseñadas desde el suelo, sino desde una considerable altura aérea. Todas estas líneas y figuras se trazaron raspando la capa superficial de tierra y dejando al descubierto la capa amarilla de debajo. Entre todas las clases de dibujos se pueden ver una araña, una ballena, una serpiente, un mono, varias aves y un lagarto. Para hacerse una idea del tamaño de estos dibujos, digamos que el lagarto mide más de 180 metros de longitud.

Luis de Monzón, magistrado español de finales del siglo XVI, es autor de una de las escasas referencias a las líneas de Nazca, en las que indica que los indios ancianos hablaban de los viracocha, un pequeño grupo étnico de otro país, anterior a los incas. Cuando éstos llegaron, trataron a los viracocha como a santos y se preocuparon de trazar vías para poder comunicarse con ellos; aunque se ignora el porqué de tantas líneas y dibujos y su enorme tamaño.

Cronistas españoles de los siglos XVI y XVII cuentan el fenómeno, pero, a pesar de ello, las líneas han pasado inadvertidas durante siglos hasta que el arqueólogo peruano Luis Tello las examinó detalladamente en 1926. En los años 30 ya eran todo un espectáculo para los pilotos que las sobrevolaban, y fue a partir de entonces, cuando pudieron ser vistas desde el aire, que el enigma tomó forma, pues ¿cómo si no desde el aire podría haberse trazado su perfecta geometría, formando esas figuras que no dejan lugar al error?

La teoría: un inmenso calendario

Desestimada la teoría que decía que eran marcas de naves extraterrestres por razones obvias (más que nada porque cualquier nave dejaría una hendidura mayor y en Nazca lo que existen son surcos que dejan entrever una tierra más amarilla que no está a nivel de superficie, de una profundidad de sólo centímetros), otras teorías se alzan desde la lógica. Muchos investigadores apuestan por la de que las pistas de Nazca son un gran calendario que mide los movimientos de los astros, configurando un enorme (literalmente) calendario astronómico que servía a sus creadores para calcular el paso y llegada de las diversas estaciones del año, así como el movimiento de los cuerpos celestes.

Otra teoría, defendida en este caso por un historiador, Hans Horkheimer, y por un cineasta, Tony Morrison, es la que dice que cada línea pertenecía a una familia o clan como símbolo de su unidad, por lo que algunos miembros se dedicaban casi exclusivamente a su conservación. Así, las líneas más largas, rectángulos y trapecios, corresponderían a comunidades enteras o a familias de rancio abolengo.

Lo que todavía trae locos a investigadores de toda condición es el método utilizado por los nazca para realizar sus perfectos dibujos. Así como es relativamente fácil trazar líneas rectas mediante postes en un terreno llano, mucho más complicado es obtener formas tan dispares y difíciles como un colibrí en vuelo, un mono con su cola enroscada o un lagarto. Pese a todo, está comprobado que líneas rectas de un dibujo de dos kilómetros se desvían menos de dos metros. Impresionante.

De esta manera surgen las teorías que dicen que los nazcas habían desarrollado alguna manera de levantarse de la tierra mediante algún aparato volador del cual nunca se ha encontrado vestigio alguno. Aquí vuelve a surgir el tema extraterrestre, pues hay quien dice que mediante naves de otros mundos se pudo diseñar la exquisitez de las líneas del suelo del lugar. Alienígenas aparte, es cierto que se han encontrado en las tumbas nazcas telas finísimas que podrían servir para confeccionar primitivos globos. Asimismo, en la zona se han hallado muchos pozos artificiales, que podrían haber servido para encender fuegos y llenar de aire caliente las supuestas aeronaves nazcas. A tal efecto, en 1975 dos ingenieros afrontaron el reto de fabricar un globo sólo con los materiales de los que disponían los nazca, y consiguieron despegar en un vuelo que recorrió 5 kilómetros antes de caer accidentalmente al suelo tras una ráfaga de aire.

Pese a todo, nada está del todo demostrado y las pistas de los nazca siguen constituyendo un misterio.

ÍNDICE